LES JARDINS DE L'OBSERVATOIRE

DU MÊME AUTEUR

Les Parachutistes, Le Seuil
Casanova, J'ai lu
Le Secret du Jour J, Fayard
L'Orchestre rouge, Fayard
Le Dossier 51, Fayard
L'Erreur, Fayard
Les Sanglots longs, Fayard
Le Grand Jour, Lattès
La Longue Traque, Lattès
Le Pull-Over rouge, Fayard
Les Gens d'ici, Ramsay
Un homme à part, Barrault
Le Dérapage, Mercure de France
Paris sous l'Occupation, Belfond
Le Soldat perdu, Ducaté
Notre ami le roi, Gallimard
Le Secret du Roi (I « La passion polonaise »), Fayard
Le Secret du Roi (II « L'ombre de la Bastille »), Fayard
Le Secret du Roi (III « La revanche américaine »), Fayard (à paraître)

Gilles Perrault

Les jardins de l'Observatoire

Fayard

Pour elle

Avenue de l'Observatoire

1

À la rentrée scolaire d'octobre 1943, j'allai de bon matin vérifier rue des Feuillantines que j'étais admis à passer en classe de cinquième. Les Allemands occupaient depuis 1940 le lycée Montaigne, dont nous voyions de nos fenêtres le flanc droit quand l'automne déshabillait les marronniers des jardins de l'Observatoire. Une troupe d'élite y était casernée, en charge de la sécurité du Sénat, devenu le quartier général de la Luftwaffe et où résidait Göring lors de ses séjours à Paris. Chaque matin, la relève descendait les rues d'Assas et Guynemer, puis martelait la rue de Vaugirard ; mais on savait qu'un tunnel permettrait aux soldats, en cas de troubles ou de bombardement, de gagner sans encombres le Sénat à travers le jardin du Luxembourg. Les classes de Montaigne s'étaient donc repliées dans l'ancien couvent des Feuillantines.

Je ne garde pas souvenir d'une inquiétude particulière. Le choc fut d'autant plus sévère. Non seulement je n'étais point admis en cinquième, mais je me voyais exclu de l'enseignement public pour nullité crasse en mathématiques. Je ne comprenais rien aux fractions et, toute ma vie, la règle de trois resterait au-dessus de mes capacités. Des notes brillantes en français ne m'avaient pas sauvé la mise. L'époque était rude.

Je rentrai accablé à la maison. Mon père s'attachait peu au quotidien des études de ses quatre enfants, se contentant d'imposer une rigoureuse obligation de résultat : il fallait passer sans broncher dans la classe supérieure et réussir aux examens. Ma mère se décomposa en apprenant la nouvelle. « Ce n'est pas possible, me dit-elle, il va nous faire une vie infernale. Je vais voir le proviseur, le supplier de te garder, de te permettre au moins de redoubler ta sixième. » Elle enfila le manteau bleu cintré qui lui allait si bien, coiffa son chapeau à larges bords, et s'en fut rue des Feuillantines.

Trente ou quarante minutes après son départ, la Gestapo arrivait pour l'arrêter.

2

Nous possédions à Baslieux-lès-Fismes, près de Reims, une maison de campagne que les gens du village appelaient « le château » avec beaucoup d'emphase puisque André Stil allait nous y succéder après la guerre et que le rédacteur en chef de *l'Humanité* ne peut en aucun cas habiter un château. C'était en réalité une brave maison bourgeoise plantée au milieu d'un jardin où foisonnaient des orties dont mon père, faute d'avoir pu les exterminer, faisait admirer la prospérité aux visiteurs. La région restait marquée par la guerre de 14-18, qu'on appelait la Grande Guerre. Fismes, chef-lieu du canton, avait été pratiquement rasée. Les scieries refusaient de couper le bois du pays tant il était truffé de balles et d'éclats d'obus. Un ami parisien de la famille m'enchantait en me racontant ses combats de rue dans une ville voisine où ses camarades et lui progressaient à l'abri de tonneaux qu'ils faisaient rouler devant eux ; de temps en temps, une balle ennemie perçait le bois vénérable et un jet de champagne jaillissait, auquel se désaltéraient les poilus. Je trouvais la guerre épatante.

À ma connaissance, Adolf fut l'unique occasion d'un affaissement du patriotisme familial. Adolf était un cochon que nous engraissions à Baslieux et qui n'avait rien fait pour mériter de se retrouver affublé d'un prénom lourd à porter. Après la défaite des armes françaises, mes parents le rebaptisèrent prestement Rodolphe. C'était bien un peu pusillanime : comment les Allemands auraient-ils pu apprendre que, dans un village à l'écart de tout, et dans la dernière maison, au bout de la route, un cochon rose bafouait leur Führer ? Mais ce temps était propice aux frayeurs les moins raisonnables. Adolf-Rodolphe depuis longtemps digéré, je me ressouviendrais de lui trois décennies plus tard en lisant dans une biographie d'Albert Camus l'épisode cocasse de Verdelot, village situé à une centaine de kilomètres à l'est de Paris, où le futur prix Nobel, qui venait de faire jouer une pièce appréciée par le critique de la *Pariser Zeitung*, mais dont une amie résistante avait été arrêtée, s'était installé, en juillet 1944, avec des membres de la famille Gallimard. Or, il arriva que l'un des Gallimard héla Camus par son nom dans la rue où circulaient des soldats allemands. L'effroi fut général, comme si les troufions écrabouillés en Normandie et plus que décimés, n'ayant en tête que le nom de Camus, allaient sauter sur le jeune écrivain, trouvant en lui une proie dont la capture attesterait que leurs longues campagnes et leurs souffrances n'avaient pas été vaines. Si le ridicule n'a pas épargné d'aussi grands esprits que Camus et les Gallimard, je suppose qu'on peut nous pardonner notre reculade porcine.

Ce n'est pas le 18 juin que mes parents entendirent l'Appel, mais deux jours plus tard, à l'occasion d'une rediffusion par la BBC. Il les fixa aussitôt dans une sereine certitude. Ce serait de Gaulle, un point c'est tout. De Gaulle et Churchill. Je ne me souviens pas d'une seule discussion familiale à propos de Pétain. Vichy n'existait pas. Par mesure prophylactique, aucun journal n'entra plus dans la maison. Quant à la radio, nous n'écoutions jamais que celle de Londres, dont les voix vibrantes mais brouillées nous semblaient venir d'une lointaine planète, avec une exception cependant pour Radio-Genève où un certain Payot donnait une fois par semaine, si ma mémoire est bonne, une évaluation pondérée de la situation sur tous les fronts de la guerre. Tel un sous-marin plongeant pour échapper à la tempête, la famille naviguerait désormais dans le calme apaisant des grands fonds, en autarcie intellectuelle et morale, une radio vacillante pour seul lien avec la France.

Souvent, la Champagne était survolée par les escadres alliées en route vers l'Allemagne. Lors d'un séjour à Baslieux, j'appris au village qu'un avion allemand s'était écrasé sur le plateau crayeux creusé de grottes profondes où rouillaient maints vestiges de la Grande Guerre. J'enfourchai ma bicyclette. Il faisait un froid de gueux sur ce plateau sinistre et désert, balayé par un vent qui poussait une masse de nuages noirs. Le chasseur de nuit Messerschmitt gisait au milieu d'un champ, les ailes rompues mais la carlingue relativement intacte, comme si le pilote avait tenté un atterrissage de fortune. Un soldat allemand montait la garde. Il devait être vraiment très jeune puisqu'il m'apparut tel. À ma grande déception, le cockpit était vide de tout cadavre. Je m'efforçai de faire comprendre à la sentinelle, par des sourires béats, la satisfaction que me procurait le spectacle d'un avion à croix noire abattu. Bientôt agacé, l'Allemand m'intima de déguerpir avec des aboiements rauques, puis agita son fusil. Je ramassai vivement un débris d'aluminium tordu, que je possède toujours, et décampai sans demander mon reste.

Mais les avions à croix noire n'étaient pas les seuls à tomber du ciel comme des fruits trop mûrs. Un jour de cette même année 1942, un gendarme de Fismes téléphona à ma mère pour lui annoncer sa visite à Paris. Un bombardier américain avait été abattu. Les membres de son équipage qui avaient pu sauter en parachute étaient cachés dans des fermes, mais les Allemands battaient la campagne et leur zèle imposait une évacuation rapide des rescapés.

Mon père prit le train pour Fismes.

3

Paresse ou accablement : je m'étais recouché sitôt après le départ de ma mère. Je tentais de lire, le chat roulé en boule sur mon ventre. Nous avions donc un chat, ce qui constituait une entorse à la règle paternelle selon laquelle c'était pur égoïsme que d'imposer à des animaux la claustration citadine. J'attendais dans les affres le résultat de l'opération de sauvetage tentée par ma mère. Je gardais malgré tout confiance. Elle excellait dans le genre. Elle saurait redresser ce qui m'apparaissait, sinon comme une injustice, du moins comme une exagération. Nous étions une famille où les mathématiques étaient tenues pour peu de chose et le français pour tout. Elle ramènerait le proviseur à une mesure plus exacte de ma valeur scolaire.

Derrière moi, la porte de ma chambre s'ouvrit brutalement. Je sus que c'était mon père. Il traitait les portes comme s'il s'agissait d'ennemies personnelles. Je lui trouvai un visage blême, alors qu'il l'avait d'ordinaire coloré, les lèvres réduites à une cicatrice et, dans son regard posé sur moi, une tendresse inattendue qui me remplit de confusion car je savais trop bien, ce matin-là, à quel point je la méritais peu. Sans mot dire, il s'effaça. Deux hommes apparurent, âgés d'une trentaine d'années, vêtus identiquement d'un loden vert et coiffés d'un chapeau du même vert, avec, passée dans le ruban marron, une coquette plume de faisan. C'était en quelque sorte le candide uniforme civil de la Gestapo, mais je l'ignorais encore. Ils me regardèrent, puis le chat, puis la chambre. Leurs yeux étaient aussi morts que ceux de mon père expressifs. La porte fut refermée. J'entendis que la visite se poursuivait dans les chambres de mes frères. Sans que je réalise encore la dimension de l'événement, la physionomie insolite de mon père ne pouvait me tromper : le drame de mon renvoi du lycée ne serait pas le seul de la journée.

Nous nous étions installés l'année précédente avenue de l'Observatoire. Déménagement en forme de saut de puce puisque nous venions de la rue Guynemer, de l'autre côté du jardin du Luxembourg. Mon père avait établi son cabinet d'avocat à l'entresol, avec le bureau de son collaborateur, qui, porteur du nom embarrassant de Salomon, allait désormais dans la vie avec un portefeuille gonflé des certificats de baptême de ses aïeux jusqu'à la deuxième génération – performance trop belle pour être très catholique ; puis la pièce à la porte vitrée où se tenait sa secrétaire ; son propre bureau, dont deux fenêtres ouvraient sur l'avenue et deux autres sur la rue Herschel ; la salle d'attente enfin.

Du grand hall qui gouvernait ces pièces partait un large escalier de pierre conduisant à l'appartement du premier étage, plus spacieux que les bureaux, et auquel on pouvait naturellement accéder par l'escalier de l'immeuble, que la famille utilisait.

Les agents de la Gestapo avaient sonné à la porte de l'entresol – celle des clients ; une plaque en cuivre indiquait le nom et la profession de mon père. Sept ou huit marches menaient au hall. Ils avaient demandé à voir ma mère. La secrétaire s'était enquise de sa présence par le téléphone intérieur et Rose avait répondu qu'elle n'était pas là. Rose était avec nous depuis dix ans. Même si les familles bourgeoises se plaisent à penser que leurs fidèles domestiques restent à leur service plus par affection que pour gagner leur vie, je crois que définir Rose comme une bonne à tout faire rendrait un compte imparfait de sa place dans la maison et du rôle qu'elle y jouait. Elle avait vu naître ma sœur et l'aimait comme s'il s'était agi de sa propre fille ; elle est morte chez cette dernière, voilà deux ans, à l'âge de quatre-vingt-dix-sept ans.

Quand les visiteurs furent introduits dans le bureau de mon père, celui-ci savait par conséquent l'absence de ma mère, mais il ignorait quand elle reviendrait, et, la croyant partie pour quelque course chez un commerçant du quartier, sans doute craignait-il que son retour fût imminent.

4

Revenant des Feuillantines, ma mère ne prêta pas attention à la Citroën noire garée le long du trottoir et emprunta normalement l'escalier de l'immeuble. Rose, dont l'accent berrichon s'alourdissait aux moments d'émotion, lui annonça que la Gestapo était dans les bureaux (« les Boches sont en bas »). Avant de disparaître, ma mère fit dire à son cadet d'aller se poster dans les jardins de l'Observatoire, en face de l'immeuble, un chapeau à la main. S'il voyait les gestapistes emmener mon père, il coifferait le chapeau.

5

Assis derrière son grand bureau Louis XV, mon père expliquait aux agents qu'il avait épousé une femme dont la conduite était devenue rien moins qu'édifiante et qui découchait assez souvent sans fournir la moindre explication. Avec la meilleure volonté du monde, il se voyait incapable de leur dire où elle était ni ce qu'elle faisait. Il lui paraissait cependant évident qu'une personne à la vie privée si déplorablement débordante ne pouvait avoir ni le goût ni le temps de se livrer à des activités condamnées par l'autorité occupante.

Je crains qu'il n'ait pas été très

convaincant dans le rôle du mari complaisant, pour lui à contre-emploi. Né avec le siècle, il avait alors quarante-trois ans. C'est, à deux ans près, l'âge de mon fils aîné au jour où j'écris ces lignes, ce qui démontre bien la frivolité de l'arithmétique, car aucun calcul ne me fera croire que je puisse avoir l'âge d'être le père de mon père à n'importe quelle époque de sa vie. C'était un très bel homme et un homme imposant. Une chevelure prématurément blanchie conférait de la gravité à son visage fin, allongé, éclairé par un regard qui intimidait les clients et les convainquait vite d'abandonner la vaine parade des faux-semblants pour entrer dans le vif du sujet. Les lèvres étroites, à peine ourlées, accentuaient l'impression de rigueur. Ses colères étaient redoutables. Pourtant, rien chez lui du grognon perpétuellement renfrogné. Ses éclats de gaieté, ponctués par un rire hennissant, étaient d'autant plus plaisants qu'il les distribuait avec économie.

Les deux gestapistes durent apprécier en connaisseurs la prestation de cet avocat distingué, à la réussite sociale évidente, qui leur confessait en termes pudiques son état de cocu. Le coup du conjoint trompé était un grand classique de l'époque. Après une visite rapide de l'appartement, et faute d'avoir pu mettre la main sur l'épouse prétendument infidèle, ils embarquèrent le mari.

Mon second frère avait dix-huit ans et posa un chapeau sur sa tête pour la première fois de sa vie.

Ma mère, qui l'observait de loin, partit se réfugier chez son frère Max, rue Larrey, près du Jardin des Plantes.

Conduit directement à la prison de Fresnes, mon père y fut écroué.

6

J'ai mis longtemps à comprendre que ce père qui nous impressionnait tant n'était pas dépourvu de timidité.

Ses racines étaient dans le Lot. Son père avait rompu avec une tradition paysanne séculaire en devenant huissier. Comme il était excédé d'inscrire sur ses actes les flopées de prénoms qu'il est d'usage de donner à la campagne, nous lui devons de n'en avoir qu'un seul, ce qui m'a plus d'une fois valu dans les administrations le regard condescendant d'employés qui jugeaient bien chétive une famille pas même fichue de fournir deux prénoms à ses enfants. De taille courte et de carrure modeste, mais solide, tenace, travailleur, ambitieux, il avait, dans le mitan de son âge, relancé une seconde fois les dés en abandonnant son terroir et son étude d'huissier pour ouvrir à Paris, près de la place Maubert, un cabinet de conseil juridique. Il installa sa famille dans un appartement de l'île Saint-Louis, encore de peuplement populaire, où naîtrait un second fils.

Mon père fit ses études au lycée Henri-IV. Il nous racontait souvent la grande inondation de 1910, qui l'obligeait à prendre une barque pour aller à ses cours. C'était un élève brillant. J'ai sous les yeux la belle médaille qui lui fut attribuée pour avoir été quatre fois premier en philosophie en février et mars 1918. L'Éducation nationale montrait alors de la munificence. Si l'on m'avait donné une médaille chaque fois que je raflais quatre places de premier en français, mes poches en auraient été crevées. Au lieu de quoi, et pour une malheureuse faiblesse dans une matière subalterne... Mais bon. À la fin de cette même année scolaire 1918 où il avait brillé en philosophie, il devança l'appel et s'engagea, à dix-huit ans, pour la durée des hostilités. Toujours véridique, il nous disait avoir agi sous la pression de ses parents, car le volontariat l'autorisait à choisir son arme, en l'occurrence l'artillerie, où l'on se faisait moins tuer que dans l'infanterie. L'armistice lui épargna l'épreuve du front et, après une période d'occupation en Allemagne, il revint à ses études, qu'il couronna par un doctorat en droit.

Si proche par l'âge de la « génération du feu », il n'en avait pas fait partie. Les rescapés du massacre le plus imbécile de l'histoire moderne tenaient le haut du pavé, faisaient sonner leurs médailles, exhibaient leurs blessures, invoquaient haut et fort les droits imprescriptibles qu'ils s'étaient acquis. Il s'éprouva exclu, mortifié, exaspéré. Insensible au clinquant de la gloriole militaire, il était pacifiste par raison. Dans les années trente, quand la famille rassemblée devant le poste de radio écoutait, fascinée, les vociférations de Hitler à Nuremberg ou ailleurs – vociférations auxquelles aucun de nous n'entendait goutte –, il refermait le poste à la fin du discours en opinant : « Nous n'aurons pas la guerre. Ce serait un désastre pour l'humanité et les hommes ne sont pas fous. » Mais, révulsé par le fascisme, antimunichois résolu, autre chanson dès que les hostilités furent déclarées : cette guerre, il fallait la faire et la gagner.

Il travaillait avec son père. Le cabinet prospérait. Un avenir sans épines. Mais il lui revenait de placer sur orbite le troisième étage de la fusée familiale. Il décida de devenir avocat. À l'époque, le barreau parisien constituait une caste bourgeoise qui avait pour les conseils juridiques le même mépris que les médecins pour les guérisseurs. On ne frayait pas avec ces gens-là, dont les pratiques étaient soupçonnées de se déployer aux marges de la loi. Mon père aurait accueilli avec moins de stupeur l'annonce de la conquête de la Lune avant la fin du siècle que la fusion des professions d'avocat et de conseil juridique, réalisée voilà quelques années.

Fils d'un membre de la catégorie honnie, marqué lui-même par ses quelques années d'exercice au cabinet paternel, il s'engagea dans une lutte dont le principe même lui faisait horreur. Cet homme à la nuque raide, je l'ai toujours vu se refuser à une démarche qui pouvait impliquer condescendance de la part du sollicité. L'injustice dont il s'estimait victime lui fit surmonter ses dégoûts. Une licence en droit suffisait pour devenir avocat, et cette licence était à la portée de l'étudiant le moins doué. Trente ans après mon père, je décrocherais encore la mienne sans jamais assister à un seul cours et, sauf en économie politique, pour laquelle j'avais recours aux polycopiés, en me contentant d'étudier les petits précis Dalloz à partir du mois de février. Parmi les avocats morgués des années vingt, bien rares étaient ceux qui pouvaient se targuer du titre de docteur en droit.

Ma mère avait, elle aussi, fait des études de droit. Elle s'inscrivit au barreau, envoyée en détachement précurseur pour préparer le terrain. La pensée que quiconque pût lui témoigner de la hauteur lui resta toujours étrangère. Mon père finit par obtenir son sésame. Mais il n'oublia pas les avanies et en garda une blessure intime.

Je n'ai pas rencontré beaucoup d'hommes aussi laborieux que lui. On ne peut pas dire qu'il se tuait au travail : c'était sa raison de vivre. Six jours par semaine, de huit heures du matin à huit heures du soir, avec au milieu un déjeuner pris sur le pouce avant de courir au Palais, il n'existait que pour ses dossiers. Ses compatriotes immigrés du Lot et alentours formèrent longtemps le gros de sa clientèle, comme ils faisaient l'essentiel du cabinet de son père ; aussi bien *l'Auvergnat de Paris*, dont l'hégémonie s'exerce très au-delà de l'Auvergne géographique, figurait-il à la place d'honneur sur la table de la salle d'attente. Devenu moi-même avocat au début des années cinquante, j'aurais loisir de découvrir ce petit peuple de bougnats, limonadiers, artisans, hôteliers sans étoile, qui échappait aisément à Zola, se tenait à l'écart de Stendhal et ressortissait pleinement à Balzac. Le travail avec eux était facile. Un accord verbal scellé par une poignée de main valait contrat en triple exemplaire, comme sur les champs de foire du pays. Un avocat né à Latronquière avait forcément leur confiance. Ils se consacraient avec un acharnement de fourmis à une réussite sociale qui, pour beaucoup d'entre eux, consistait à accumuler une pelote suffisante pour prendre dans leur village une retraite confortable et s'y faire construire une maison qu'envieraient les anciens camarades de communale restés derrière leur charrue.

Même quand des dossiers beaucoup plus considérables lui furent confiés, mon père n'abandonna pas cette clientèle qui avait sa prédilection. C'était son monde. Il s'y sentait plus à l'aise qu'avec les importants dont les vanités heurtaient sa susceptibilité ombrageuse et qu'il traitait avec une compétence professionnelle rapide, exacte, sans effusions. En revanche, il était capable de consacrer des heures d'explications patientes à un jeune homme monté à Paris pour s'y établir à son compte et qu'affolait le maquis des lois.

Il se retrouva donc dans une cellule de la prison de Fresnes, où il n'avait jamais eu que fort peu de clients, car ce n'est pas le genre des gens du Lot et des départements limitrophes.

7

Dans l'argot des filières d'évasion qui les acheminaient jusqu'en Espagne, les aviateurs abattus sur l'Europe occupée s'appelaient les « muets ». C'était plus un vœu pieux qu'un sobriquet inspiré par l'expérience. Les Anglais tenaient à peu près leur langue, mais la convivialité américaine plongeait souvent les convoyeurs dans les transes. Un fugitif solitaire se résignait au mutisme ; deux aviateurs résistaient rarement à la tentation de se parler, fût-ce brièvement, sans se rendre compte de la commotion créée par l'irruption de l'anglais dans un train français sous l'Occupation. Qu'une jolie fille s'installât dans le compartiment, et les mimiques affectueuses fleurissaient tandis que les mains entraient en émeute pour suppléer aux carences linguistiques.

Les risques encourus ne se comparaient pas. Découverts à l'occasion d'un contrôle, les aviateurs étaient purement et simplement expédiés dans un camp de prisonniers. Pour les civils, l'ordonnance machiste du « commandant militaire » von Stulpnagel, affichée sur tous les murs de France, fulminait : « Toute personne du sexe masculin qui portera une aide directe ou indirecte à des équipages d'avions ennemis forcés d'atterrir ou de descendre en parachute, qui les aidera à s'enfuir ou à se cacher, ou qui leur portera une aide quelconque, sera immédiatement passée par les armes. Toute personne du sexe féminin qui leur portera une aide analogue sera transférée dans un camp de concentration en Allemagne. » Il serait cependant injuste d'imputer l'insouciance des muets trop bavards à une évaluation cyniquement égoïste des risques respectifs. Si un général Patton put, en 1944, frôler le limogeage en déclarant à des journalistes : « Ces histoires de nazis et d'antinazis en Europe, c'est un peu comme les bagarres entre républicains et démocrates chez nous », on imagine la rafraîchissante mais dangereuse virginité d'esprit du garçon de vingt ans qui, en 1942 ou 1943, frais émoulu de son Arizona natale, sautait sur l'Europe compliquée avec des idées simples.

Toujours est-il que mon père trouva le temps long entre Fismes et Paris. Combien de fois ? Nous ne l'avons jamais su. Il n'était pas homme à s'épancher et détestait les rabâchages d'ancien combattant pour avoir subi pendant vingt ans ceux de la Grande Guerre. Il fallait même que ses voyages eussent été assez chauds pour qu'il nous en livrât la brève confidence. À qui confiait-il à Paris ses ouailles turbulentes ? Mystère. Aucune d'entre elles n'a en tout cas posé son sac chez nous.

L'irruption des hommes en loden vert recherchant ma mère – et elle seule – n'avait, selon toute vraisemblance, aucun lien avec les aviateurs. Elle ne s'expliquait que par Alexandre.

8

Comment faire comprendre aujourd'hui ce que signifiait pour des résistants le surgissement messianique d'un agent anglais ? Il apparaissait revêtu de tous les prestiges. Son pays avait tenu tête, solitaire, à une Wehrmacht jusqu'alors irrésistible, et les Spitfire des jeunes gens languissants d'Oxford et de Cambridge avaient battu à plate couture les Messerschmitt de Göring. Il appartenait évidemment à l'Intelligence Service, organisation légendaire auprès de laquelle la Gestapo faisait figure de parvenue grossière et brutale. Enjambant les formidables défenses qui nous incarcéraient, il descendait du ciel tel un archange suspendu à une corolle de soie. Pour preuve de son authenticité, il proposait la diffusion par la BBC d'un message personnel choisi par ses hôtes, et, à l'écoute brouillée d'une phrase rigolote, la chair se faisait verbe et s'en trouvait magnifiée : comment ne pas donner sa foi à l'être capable de procurer à une famille vivant parmi des millions d'autres l'ordinaire des jours tristes la certitude enivrante, avec ce clin d'œil hertzien, que les puissances alliées souhaitaient l'avoir avec elles ? Il abolissait par sa seule présence les interrogations suppliciantes sur un combat dont l'efficacité semblait trop souvent dérisoire par rapport aux périls encourus. Il pouvait être buveur, coureur, distrait, téméraire ou trop prudent ; on gémissait sur ses défauts comme les fidèles sur ceux de leur prêtre, sans remettre en cause le sacerdoce : il était celui qui avait le contact avec Londres.

Alexandre arrivait à la maison le soir, pour dîner, au terme d'une journée remplie de rendez-vous. Une fois, pris par le couvre-feu, il sonna à la porte d'un hôtel. Comme la réception était désertée et que personne ne répondait à ses appels, il voulut ressortir, mais la porte restait bloquée, et, après avoir vainement cherché le bouton qui en condamnait l'ouverture, il s'installa dans un fauteuil et s'endormit. Au petit matin, il fut réveillé par un homme en imperméable qu'il accueillit par un cordial bonjour. L'autre répondit d'un grognement. Un deuxième client apparut, qui échangea avec le premier un salut hitlérien. L'hôtel était réquisitionné par un service allemand. Alexandre prit un air modeste et sortit sur les talons des deux hommes. Une autre fois, il arriva si tard avenue de l'Observatoire qu'il n'osa pas sonner à la porte de l'immeuble, craignant une réaction suspicieuse de la concierge ; il alla dormir dans l'un des abris antiaériens creusés dans les jardins de l'Observatoire.

C'était un homme grand et mince, très séduisant, les yeux clairs, la bouche aimable sous une fine moustache, une pipe souvent entre les dents, si typiquement britannique que même un garçon de douze ans qui n'avait jamais mis les pieds en Angleterre pouvait s'en rendre compte. Une certaine désinvolture élégante. La distance maintenue avec l'événement, comme si une guerre grosse pour lui de complications désagréables n'était pas raison suffisante pour commencer à parler en agitant les mains. Un sang-froid absolu. Il s'exprimait d'une voix douce, dans un français parfait, mais lorsqu'il énonçait un nom de chez lui – Birmingham, Churchill –, il le prononçait assez naturellement à l'anglaise, et nous lui en remontrions l'imprudence. Il mangeait trop peu de pain pour être un Français tout à fait convaincant et conservait l'habitude, à table, de décaler légèrement son verre. Il nous montrait, à ma sœur et à moi, les photos de ses deux cockers, qu'il semblait beaucoup chérir. La nuit, il dormait dans la chambre de mon frère aîné, au fond de l'appartement ; elle donnait sur la rue Herschel et disposait d'un cabinet de toilette. Mon frère s'installait sur un lit de camp dans le bureau de Salomon.

Au matin, Alexandre repartait pour ses rendez-vous hasardeux. Il aimait les heures passées avec nous, les repas pris en famille, les conversations évoquant les souvenirs du lycée Henri-IV, où il avait fait une partie de ses études, trois classes au-dessous de mon père, et les vacances d'antan sur les plages bretonnes – lui, c'était Bénodet ; nous, Trégastel. Il disait ne ressentir nulle part ailleurs un tel sentiment de sécurité.

9

Ma sœur, de deux années ma cadette, estime aujourd'hui qu'avec quatre enfants nos parents n'avaient pas le droit de se lancer dans des activités aussi dangereuses. On peut comprendre son point de vue, mais la Résistance, déjà point trop charnue, ne serait-elle pas restée squelettique à n'enrôler que les célibataires et les ménages sans enfant ? Mes frères, eux, jugent qu'il y eut grande imprudence à ne pas nous dissimuler qui était l'homme venu tout soudain s'asseoir à notre table. Pour avoir, dans une interview récente, évoqué en passant Alexandre et les photos de ses cockers, je reçus la lettre furibonde d'un parfait inconnu m'accusant d'inventer des souvenirs pour me rendre intéressant, et de me déshonorer en donnant une image évidemment fausse de mes parents, car ceux-ci ne pouvaient en aucun cas avoir fait preuve d'une pareille irresponsabilité.

C'est oublier l'éminente simplicité des choses et le sens de l'ennemi qui nous habitait alors.

Qu'attendait de nous Alexandre ? Un point de chute assuré à Paris, une table, un lit. Les restrictions, comme on disait alors, réduisaient à presque rien les invitations d'amis à déjeuner ou à dîner. Jamais un étranger à la famille n'avait dormi chez nous. Le statut du visiteur du soir était trop exceptionnel pour ne pas susciter de questions, et nous aurions vite découvert les réponses en entendant le nom vénéré de Churchill trop bien prononcé par cet homme qui ne redemandait jamais de pain. À dix-neuf et dix-huit ans, mes frères n'avaient guère besoin qu'on leur expliquât l'époque. Mais ni ma sœur ni moi-même ne reçûmes la moindre exhortation à la discrétion, et elle eût été superflue. Il ne me serait pas venu à l'idée de me glorifier auprès de mes camarades de classe, fussent-ils les plus proches, des visites d'Alexandre. Les bavardages vantards qui, plus que le talent de la Gestapo, ont achalandé le poteau d'exécution et peuplé les camps de concentration, n'avaient pas cours dans une famille imprégnée, sous le magistère paternel, de l'esprit de sérieux.

La peur est aussi bonne conseillère. Elle ne me quittait pas, devenue si naturelle que je ne pris conscience de son étau qu'au jour où il se desserra. Si nous avions éprouvé la sotte tentation d'oublier l'ennemi, les affiches rouges ou jaunes annonçant l'exécution de tant des nôtres nous auraient servi de pense-bêtes. La dissimulation nous était enfin devenue une seconde nature. En sixième, le professeur de français avait par trois fois baissé la note de mes rédactions au motif infondé que je m'étais fait aider par mes parents, ce qui me plongeait dans une indignation dont je ne parviens pas à sourire aujourd'hui. Pourtant, lorsqu'il nous donna comme sujet l'amour que nous portions au maréchal Pétain, je me trouvai aussi perplexe que devant un problème de robinets et j'eus recours à ma mère. Le visage figé, son œil bleu perdu dans le lointain, elle me dicta d'une voix glaciale deux pages d'adulation pour le sinistre vieillard. Ni elle ni moi n'éprouvâmes le besoin redondant de commenter l'exercice de style. J'obtins une note moyenne.

Un demi-siècle après, je crois que nous avons donné à Alexandre ce qu'il devait rarement trouver dans ses errances : un port d'attache, la chaleur d'une famille d'adoption, et, les rideaux tirés sur la ville que la nuit livrait tout entière à l'ennemi, la douceur de conversations traversées par des rires d'enfants.

10

Mon frère aîné et ma sœur, qui avaient déjà effectué leur rentrée scolaire, trouvèrent à leur retour des cours une maison décapitée. Étrangement, aucun de nous quatre ne conserve le moindre souvenir de cet après-midi et de la soirée qui suivit. Sans doute le choc émotionnel était-il si violent qu'il paralysa jusqu'à notre aptitude à mémoriser. Le gouffre d'années nous séparant de nos aînés, ma sœur et moi, rend peu plausible un conciliabule général : les grands nous traitaient avec bienveillance mais en quantité négligeable. Le commentaire était au demeurant superflu. Après l'échange du peu d'informations dont nous disposions, je suppose que nous nous sommes murés dans un mutisme catastrophé, toute conjecture ne pouvant susciter que des images d'épouvante. Rose, avec sa coriace sagesse paysanne, dut s'efforcer de parer à la panique en nous occupant à des tâches triviales. Puis, après un dîner lugubre, chacun s'est probablement retiré dans sa chambre avec son angoisse.

11

Il me semble que la famille, en tant que telle, n'avait jamais autant existé que depuis 1940, et qu'elle n'avait jamais été aussi heureuse. Tout concourait à la rassembler. Je ne garde pas souvenir de la moindre dissonance. Nous étions, corps et âmes, indissolublement soudés.

Même si un strict verrouillage interdisait l'entrée de la maison à la presse de l'ennemi, même si nous n'avons pas une seule fois écouté Radio-Paris, la propagande adverse nous atteignait à travers nos activités extérieures. Elle eût pu troubler l'un de mes frères, ou les deux, comme il arriva parfois ailleurs, puisqu'ils avaient l'âge où l'on aime aller à contre-courant. Les parents auraient pu aussi s'en trouver divisés. Elle glissait sans laisser de trace. Les épisodes les moins plaisants – Mers el-Kébir, par exemple – ni les défaites les plus désastreuses ne remirent en cause le choix du 20 juin 1940. Pour nos parents, il n'existait aucune alternative acceptable à la victoire alliée. Leur foi nous imprégnait. Recueillie sur ses convictions, la famille faisait bloc.

J'étais chargé de tenir à jour la grande carte d'Europe sur laquelle zigzaguait un fil matérialisant le front de l'Est. Longtemps, notre espérance fut suspendue à ce fil rouge. Je n'oublierais plus les marais du Pripet, le fleuve Dniepr, le saillant de Koursk, et nul goulag n'abolira jamais Stalingrad. Si, au lieu d'Alexandre, le hasard nous avait envoyé Leopold Trepper, agent soviétique, chef de l'Orchestre rouge, il ne fait absolument aucun doute que mes parents auraient marché avec lui du même cœur et sans l'ombre d'une hésitation. Tout était simple.

La plupart des chefs de la Résistance se souviennent de ces années comme d'un océan d'attente parsemé de quelques îlots d'action : à plus forte raison pour les simples soldats. Alexandre et les aviateurs abattus tenaient une place infime dans le long cours des jours, des semaines et des mois. Que les bribes de temps consacrées à la lutte contre l'ennemi pussent précipiter dans une éternité prématurée leur conférait cependant un singulier pouvoir. L'omniprésente menace annulait toute perspective de conflit intestin sérieux, neutralisait jusqu'aux velléités de dispute. Une scène de ménage eût été un pari sur le futur. Ma mère restait hantée par l'inconsolable chagrin d'une amie dont le mari s'était fait écraser par une voiture une heure après qu'ils se furent violemment disputés pour une futilité. Ainsi la Gestapo contribuait-elle puissamment à l'harmonie conjugale et familiale.

Tout était simple, sauf la vie quotidienne. Mais ses âpretés mêmes contribuaient à nous unir puisque chacun tenait sa part, grande ou modeste, dans la quête chaque jour recommencée des moyens de subsistance.

L'apport paternel était important. Beaucoup de ses clients avaient conservé de solides attaches rurales, ou tenaient des commerces, de sorte que les honoraires les plus gratifiants étaient ceux qu'ils réglaient en nature. Lorsque mon père remontait de son bureau en brandissant triomphalement un saucisson, une ovation de médaille olympique saluait la performance. En revanche, ce client se mérita l'indignation familiale, qui, après avoir fait miroiter tout au long de son procès un chevreau, disparut, sa cause gagnée, en envoyant cyniquement un chèque.

Mes frères partaient en expédition je ne sais où et vivaient des épopées en trimballant des nourritures sanguinolentes dans des valises disjointes. Ma contribution était moins spectaculaire. Chaque jeudi, jour de congé scolaire, je traversais Paris en métro pour aller quérir une baguette de pain qu'une boulangère complice glissait, coupée en deux, au fond de mon sac après m'avoir introduit dans son arrière-boutique. Une charcuterie, satisfaite des services de mon père, nous était également propice. En témoignage d'affection, la famille assista au grand complet au mariage de la fille de la maison.

Ma mère assumait l'essentiel. Dès le début de l'Occupation, elle avait abandonné le barreau, pour lequel je n'ai pas l'impression qu'elle ait éprouvé une grande passion, et se consacrait à une intendance devenue vitale. Jamais elle n'avait été si proche de nous, se dévouant avec une attentive tendresse à nous épargner autant que faire se pouvait les duretés de l'heure. Aussi douée pour les rapports sociaux que mon père l'était peu, elle avait noué avec les commerçants du quartier des relations allant jusqu'à une connaissance intime de leurs difficultés conjugales, auxquelles elle s'efforçait de pourvoir par de judicieux conseils. Ses matinées se passaient à faire la queue devant les boutiques. Seules les mères de quatre enfants de moins de seize ans avaient priorité, mais elle ne manquait pas de nous évoquer lors des aigres disputes qui éclataient sans cesse dans ces files d'attente. « Moi, madame, criait-elle, je suis mère de quat'zenfants ! » Cela nous fit d'abord rire, puis, je ne sais pourquoi, l'habitude se prit d'user machinalement de l'expression, et je n'irais jamais chez Bernard Pivot sans être taraudé par la crainte de lâcher dans le débat un calamiteux « quat'zenfants ». Elle avait des antennes très sûres pour détecter les personnages couleur de muraille, grises fourmis du marché noir, dont les valises recelaient les trésors – une douzaine d'œufs, une demi-livre de beurre – aptes à exalter la table familiale. Mon père, qui ne voulait avoir aucune part à des tractations douteuses, mangeait ce qu'il trouvait dans son assiette sans poser de question.

Quelle famille citadine n'a pas connu ces rigueurs et usé de ces facilités ? Davantage que l'argent, les relations nous permettaient assurément d'échapper aux affres des plus démunis, mais elles ne nous empêchaient pas de vivre la disette collective, car les saucissons jaillis du cabinet paternel ou les œufs que ma mère faisait tomber d'un ciel ténébreux n'étaient jamais qu'exceptions confirmant une règle navrante. Nous mastiquions songeusement rutabagas et topinambours, légumes dont, avant l'arrivée des Allemands, nous ignorions jusqu'à l'existence. Les carences alimentaires ou les déséquilibres nous valaient d'incessantes éruptions de furonculose. Le déficit chronique en matières grasses perpétuait les engelures crucifiantes qui nous creusaient les doigts. Dans mon souvenir, le froid s'impose davantage encore que la faim. En hiver, j'allais en classe avec un matelas de vieilles *Gazette du Palais* sous mon chandail, la tête prise dans un épais passe-montagne, mes chaussures à semelle de bois claquant sur le macadam parisien comme les sabots des aïeux sur les chemins du Lot. Mais ces épreuves partagées renforçaient encore la solidarité familiale. Les repas, naguère expédiés avec insouciance, avaient de la gravité ; les vêtements connaissaient une vie après la vie et passaient d'un enfant à l'autre ; le froid faisait grelotter à l'unisson.

De la grande pièce qu'on appellerait aujourd'hui le séjour, mais qui était pour nous le living, nous apercevions, en hiver, par-delà l'austère géométrie des marronniers dénudés, une partie du lycée Montaigne, la faculté de Pharmacie et la façade rococo-mauresque, rouge kitsch, de l'École coloniale. Dès le printemps, nos regards butaient à quelques mètres sur une épaisse muraille de feuilles qui nous privait de soleil ; mais j'aimais qu'elle nous séparât du monde, et aussi la lumière verte, tamisée, comme d'un aquarium, qu'elle diffusait sur nous. Lovés dans cette pénombre comme au sein d'une mer émeraude, nous étions à l'abri des autres, et peu m'importaient les misères du temps puisque nous étions ensemble.

Ma mère avait inventé « la récompense » – bien mal nommée puisque aucune bêtise ne nous en priva jamais –, que nous allions chaque soir recevoir en cérémonie dans sa chambre avant de nous coucher. Elle accomplissait des prodiges pour n'en pas manquer. C'était une minuscule friandise qu'on n'oserait offrir aujourd'hui à un enfant du quart-monde – carré de chocolat desséché, bonbon issu d'une alchimie redoutable –, mais, grâce à elle, chaque journée finissait par un moment de tendresse.

Ce soir d'octobre 1943 était le premier sans récompense depuis le début de l'Occupation.

Limoges

12

Deux décennies durant, Alexandre resta cette ombre qui arrivait le soir, nimbée de mystère, et repartait au matin après une nuit aussi discrète que celle de l'oiseau sur la branche. Mon second frère, dont la chambre était contiguë à celle qu'il occupait, se rappelle qu'il ne l'entendait pas vivre – aucun bruit, pas même une toux –, au contraire de notre sonore frère aîné.

Je ne pardonne pas au hasard de m'avoir fait naître trop tard, à une poignée d'années près, pour devenir acteur de cette guerre au lieu d'en rester le spectateur fasciné. Parvenu à l'âge des bilans, je vois bien que l'époque m'a fait. Elle a déterminé ma sensibilité, réquisitionné mon imaginaire, et tient une place prépondérante dans mes souvenirs. Tout en me répétant que ce n'était pas raisonnable et qu'il fallait tourner la page, je n'ai cessé d'y revenir, soumis à un invincible tropisme.

Écrivant maints ouvrages sur ces années, je lisais l'abondante littérature spécialisée. Alexandre en était absent. C'était objectivement surprenant, car les officiers britanniques en mission clandestine dans la France occupée n'étaient point si nombreux et avaient joué un rôle trop important pour qu'on pût aisément escamoter l'un d'entre eux. J'aimais pourtant qu'il demeurât enveloppé de secret : c'était rester fidèle à la légende du passé.

Pour tenter d'apaiser les sévères polémiques mettant en cause les pratiques, pendant la guerre, du Special Operations Executive (SOE), le Premier ministre britannique décida de confier à une plume agréée la rédaction de l'histoire de ses activités en France. Elle parut en 1966, imprimée sur les presses de Sa Majesté. Il s'agissait d'une histoire officielle. Les deux mots accolés inspirent toujours une confiance certaine et une certaine méfiance.

J'appris qu'Alexandre s'appelait Wilkinson. Il était évoqué à cinq brèves reprises dans l'épais volume de plus de cinq cents pages. Sa photographie n'était pas reproduite. D'évidence, notre Alexandre n'avait point compté parmi les stars du service. Mais pourquoi le lieu et la date de sa mort manquaient-ils, alors que l'auteur indiquait pour les autres la prison ou le camp de l'ultime supplice, et une date au moins approximative ?

Deux décennies, ou presque, passèrent encore. Je ne souhaitais pas écrire sur Alexandre. Sachant par expérience ce que peut être la froide et lourde machinerie d'une enquête, je n'avais pas envie d'introduire une excavatrice dans mon jardin d'enfance. Il me semblait aussi que cet homme appartenait, avec nos parents, à l'héritage indivis des quat'zenfants. Écrire sur lui et sur eux, comme je le fais aujourd'hui, c'est capturer d'un regard impérialiste une histoire collective que chacun a vécue selon sa différence, s'exposer à heurter, peut-être même à blesser, ériger en vérité générale l'impondérable du souvenir personnel. Quoi de commun entre la perception d'un jeune homme de dix-neuf ans et celle d'un garçon de douze ? Mais l'entassement des années a réduit à presque rien nos différences d'âge, et, tous les quatre, qui avions pris le départ en ordre dispersé, voici que nous abordons le terme sur la même ligne. Notre mère, qui gardait une passion pour Victor Hugo, se plaisait à déclamer ces deux vers : « Oh ! l'amour d'une mère ! amour que nul n'oublie !... Chacun en a sa part et tous l'ont tout entier. » Peut-être sommes-nous à présent assez vieux pour admettre l'exorbitante prétention de chacun à revendiquer la totalité de ce qui n'appartient à aucun.

L'obscurité entourant sa disparition laissait un irritant point d'interrogation sur le souvenir d'Alexandre. J'écrivis à l'historien officiel. Il avait eu accès aux dossiers personnels du service. Après la guerre, les Anglais avaient procédé à de minutieuses recherches en Allemagne pour retrouver la trace de leurs agents disparus. Même si Alexandre vivant ne paraissait pas avoir beaucoup compté, sa mort le lestait d'un poids suffisant pour qu'on se fût enquis de son sort.

L'historien officiel me répondit avec courtoisie que le dossier d'Alexandre mentionnait son exécution à deux dates et dans deux camps différents, ce qui constituait une impossibilité manifeste. Il s'avouait incapable de trancher. Alexandre avait été supplicié ou bien à Flossenbürg au début de septembre 1944, ou bien à Sachsenhausen en mars 1945.

J'avais aimé que la vie de cet homme

restât mystérieuse. Mais sa disparition dans la nuit et le brouillard, c'était comme si on lui volait sa mort.

13

Ils le tuèrent, non pas à Flossenbürg ni à Sachsenhausen, mais à Mauthausen, en septembre 1944.

Edward Mountford Wilkinson était né quarante et un ans plus tôt à Saint Louis, dans le Missouri. Son père, rejeton gourmé de la bourgeoisie anglaise, propriétaire d'une prospère fabrique de porcelaine, avait épousé une Française de souche alsacienne dont la famille tenait à Paris, rue des Pyramides, un restaurant coté. La naissance aux États-Unis devait être accidentelle, car le banquet fastueux donné à l'occasion de son baptême protestant eut lieu au Palais d'Orsay, le 26 juin 1904. Alexandre fit ses études au lycée Henri-IV, puis s'en retourna aux États-Unis où il devint pilote de course, disputant notamment des épreuves sur le lac Salé. Rentré en France, il tomba amoureux d'Yvonne Diebolt, une blonde ravissante, mère de trois enfants et séparée d'un mari qui renâclait à divorcer. Cette situation ambiguë ne facilita pas les choses avec les parents d'Alexandre, qui n'acceptèrent jamais tout à fait l'intruse ; le père décéda en 1932 et la mère six ans plus tard. Yvonne et Alexandre (qu'elle appelait comme tout le monde Ted ou Teddy) s'installèrent à Angers. Représentant chez Arthur-Martin, il plaçait des appareils de chauffage dans sept départements ; elle l'aidait dans son travail.

Alexandre, très à cheval sur les principes, observait un code moral rigoureux. Il était fait pour s'entendre avec mon père. Malgré les longues années passées en France, il restait anglais jusqu'au bout des ongles. Yvonne et lui n'envisageaient pas de vieillir à Angers. Lorsque le mari récalcitrant consentirait enfin au divorce, ils auraient un enfant et émigreraient en Australie pour y élever des moutons.

La guerre déclarée, Alexandre fila dare-dare en Angleterre et s'enrôla dans la Royal Air Force. Un an plus tard, en septembre 1941, il se portait volontaire pour le SOE.

Son premier stage se déroula à Warborough Manor, près de Guildford, dans le Surrey. Dans cet aristocratique manoir du seizième siècle entouré de bois épais, on lui enseigna pendant deux semaines la lecture des cartes, le fonctionnement sommaire d'un émetteur radio, le sabotage, l'utilisation d'armes diverses et les techniques du close-combat.

L'étape suivante le conduisit à Arisaig, en Écosse. La beauté du paysage était à couper le souffle : un relief tourmenté, rocailleux, sabré par des ravins abrupts, traversé par cent torrents se jetant dans le Loch Beoraid. Au printemps, l'explosion solaire des ajoncs ; à l'automne, la mélancolie des bruyères et des sorbiers ; de janvier à décembre, la pluie. Le stage écossais avait pour but principal la mise en forme physique, aussi l'entraînement était-il harassant : marches forcées de jour et de nuit, exercices de sabotage sur des objectifs réels, commandos lâchés au petit bonheur dans les landes et pourchassés avec autant de hargne que si des SS avaient été à leurs trousses. Tous les stagiaires ne tenaient pas le coup.

Beaulieu fut plus calme. Dans l'ancestrale résidence des Montagu, au cœur du Hampshire, les instructeurs enseignaient l'art de se fabriquer une biographie et un personnage étanches aux curiosités policières, la technique de la filature, les modalités d'une prise de contact clandestine. Les cours étaient complétés par des travaux pratiques consistant, par exemple, à s'introduire dans une usine de la région surveillée par la police. Un garde-chasse des domaines de Sa Majesté apprenait à survivre en pleine nature, notamment par la capture du gibier ; il ne manquait jamais de clore son enseignement en avertissant les stagiaires que, s'ils usaient des techniques acquises pour braconner après la guerre sur les terres du roi, aucun état de service ne leur épargnerait les foudres de la loi. Le stage comportait enfin une séance d'interrogatoire où des policiers tenaient le rôle de la Gestapo. Le projecteur braqué dans les yeux du prisonnier fictif, les matraques brandies et les flots d'insultes prêtaient bien un peu à sourire, puisque chacun des acteurs savait qu'on se retrouverait après la séance autour d'une *nice cup of tea*, mais l'exercice permit malgré tout de détecter quelques stagiaires trop impressionnables pour qu'on se risquât à les exposer aux façons de la Gestapo.

Alexandre rejoignit ensuite Londres, où sa biographie de couverture fut mise au point tandis qu'on lui confectionnait une garde-robe conforme aux normes françaises de l'Occupation. Il retourna à Beaulieu pour un stage rapide consacré à l'ouverture des coffres-forts et des menottes (les stagiaires, presque tous issus des classes aisées, trouvaient un drôle de genre aux instructeurs), ainsi qu'au sabotage des voies ferrées ; puis il partit pour la base aérienne de Ringway, près de Manchester, où s'effectuait le stage de saut en parachute. On pouvait avoir traversé sans broncher les épuisantes épreuves physiques d'Arisaig et subi sans un battement de cils l'interrogatoire de Beaulieu : rares étaient ceux qui montaient d'un pied léger dans l'avion avec, pour la première fois, un parachute sur le dos.

À Tempsford, d'où décollaient la plupart des agents partant en mission, on le familiarisa avec le Lysander, compact monomoteur qui, par les nuits de pleine lune, atterrissait sur des prairies à l'écart pour déposer et récupérer des agents. La sécurité du pilote et de ses deux passagers (trois ou même quatre en période de crise...) impliquait une soigneuse sélection des pistes de fortune et une signalisation adéquate par lampes de poche.

Dans la nuit du 1er au 2 juin 1942, Alexandre s'envola pour la France à bord d'un bombardier quadrimoteur Halifax en compagnie d'un autre agent britannique qui avait survécu à une première mission mouvementée. Ils seraient parachutés *blind*, c'est-à-dire à l'aveuglette, sans comité de réception pour les attendre au sol. Leurs valises descendraient avec eux, suspendues à des parachutes séparés. Le dispatcher chargé de veiller sur leur saut était un sergent polonais à l'anglais si pauvre qu'il communiquait avec eux par gestes. Au centre du plancher de l'appareil, la trappe s'ouvrant sur le vide. Lorsque la petite lampe rouge s'allumerait, le dispatcher relèverait la trappe et Alexandre, désigné pour sauter le premier, s'assiérait au bord du trou. Quand le feu passerait au vert, il plongerait dans la nuit.

Conformément à la règle du SOE, il avait rédigé avant son départ une lettre qui, en cas de malheur, serait transmise à l'être le plus proche. Bien entendu, il l'avait adressée à Yvonne. Elle commençait ainsi : « Quand tu liras ces lignes, je serai mort, mort pour mon pays, mort aussi pour toi. » Les témoignages d'amour se mêlaient bizarrement aux considérations financières. Sans doute Alexandre était-il alors un gaillard de trente-huit ans qui ne devait pas plus croire que tout un chacun à la possible interruption de son existence, mais même les dernières lettres des condamnés à mort, rédigées à quelques heures du poteau, sont pleines de détails de ce genre – telle somme prêtée à récupérer, ou une dette à rembourser. Jusqu'au seuil de la mort, la vie a la vie dure. Au reste, Alexandre léguait tous ses biens à celle qu'il aimait « sous réserve de mes dépenses funéraires » ; pour celles-ci, l'ennemi y pourvoirait sans trop de frais.

La lettre se terminait par « Vive l'Angleterre ! ». C'était le ton de l'époque. C'était en tout cas celui d'Alexandre.

14

Je me suis longtemps étonné qu'il ait accepté de dormir dans la chambre de mon frère aîné, au fond de l'appartement : en cas d'irruption nocturne de la Gestapo, aucune chance de s'échapper. Pourquoi pas un lit de camp dressé dans la salle d'attente, à l'entresol ? Une fenêtre ouverte, un saut de moins de deux mètres, et il se retrouvait sur le trottoir de la rue Herschel. Mais comme la Gestapo aurait pu y poster un agent en surveillance, c'est dans la cuisine, au premier étage, qu'il fallait installer le lit de camp. De la fenêtre, un bond n'offrant aucune difficulté pour un homme en forme permettait d'atterrir sur le toit en terrasse d'un petit bâtiment ; de là, il était aisé de descendre dans l'arrière-cour d'une pension de famille dont l'entrée se situait boulevard Saint-Michel. C'était le salut assuré, car les dimensions du pâté d'immeubles excluaient la mise en place d'un cordon de surveillance autour de lui.

Un jour, je posai la question à Leopold Trepper, expert en ces choses. Il me répondit sur le ton de l'évidence : « Votre Alexandre n'était pas un homme de renseignement. »

Le SOE naquit du génie impétueux de Winston Churchill. En juillet 1940, alors que l'armée française marchait au pas cadencé en direction des stalags et que la Grande-Bretagne se préparait à subir l'assaut en confiant à ses réservistes, faute de mieux, des balais pour s'entraîner au maniement d'arme, l'extraordinaire Churchill décida la création d'un service spécial chargé de harceler l'ennemi sans trêve ni repos en attendant le jour lointain où les armées alliées seraient assez puissantes pour débarquer sur le continent. Encadrer les résistants des pays occupés, les armer grâce aux parachutages, les entraîner au sabotage et à la guérilla, les lancer sur des objectifs stratégiques, préparer surtout le soulèvement général pour le jour J : telle serait la mission des agents du SOE. Churchill l'exprima avec son sens habituel de la formule : « Mettez l'Europe à feu ! » Elle recelait une inévitable contradiction puisque l'action immédiate entraînait réaction de l'ennemi et destruction des réseaux, de sorte que l'armée secrète destinée à lancer une puissante insurrection au jour J était comme la toile de Pénélope.

Une autre contradiction compliquait la vie des agents. On leur avait répété à satiété que leur salut reposait sur une application stricte des règles de la clandestinité. À Beaulieu, par exemple, les instructeurs leur apprenaient à ne jamais entrer quelque part sans repérer aussitôt un itinéraire de fuite en cas d'alerte.

Trepper n'aurait pas hésité à demander un lit de camp dans la cuisine. Le chef d'un réseau de renseignement est pour ainsi dire un homme en creux, réceptacle des informations, seul dépositaire de la totalité des secrets du réseau. Il va, solitaire, d'agent en agent, eux-mêmes réduits à la solitude par l'exigence du cloisonnement. Quelle que soit son abnégation personnelle, sa sécurité est essentielle au bien du service. Le chef d'un réseau du SOE se voyait au contraire condamné à l'extraversion. Sa fonction était officiellement définie comme celle d'un « organisateur » (*organizer*). Sa qualité première, soigneusement cultivée pendant les stages, serait l'agressivité. Il devrait créer des groupes de combat, leur insuffler dynamisme et enthousiasme, les jeter dans l'action. C'était travailler au pluriel, dans le collectif. Un tel rôle excluait l'obsession de la sécurité personnelle. Si Alexandre s'était préoccupé de son seul salut en entrant chez nous, nul doute que mes parents, dont l'engagement impliquait peu ou prou quatre enfants, en eussent éprouvé de la déception.

En juin 1942, pour le SOE comme pour l'ensemble des organisations clandestines, la pénurie de George posait le problème le plus lancinant. Dans l'argot du service, un George désignait ce qu'on appelait chez les gens de l'Orchestre rouge un pianiste : l'opérateur radio.

15

Le début fut décourageant ; la suite, désespérante.

Le navigateur du Halifax avait mal calculé son coup : ils atterrirent près de Grand-Bourg, dans la Creuse, à plus de soixante kilomètres du point de chute prévu. Ben Cowburn se blessa à la cheville, récupéra néanmoins sa valise, et se mit en quête d'Alexandre. Il se sentait responsable de lui, dont c'était la première mission. Cowburn, l'année précédente, avait survécu de justesse au désastre déclenché par la trahison de Mathilde Carré, alias la Chatte. Désormais trop connu à Paris, il devait présenter Alexandre aux rescapés de son groupe et lui passer les commandes de la nouvelle organisation à mettre sur pied. En cette période encore pionnière, le SOE, préférait parachuter ses agents en zone non occupée, où la surveillance policière était moins stricte, et les conséquences d'une éventuelle arrestation moins sévères ; de là le largage dans la Creuse.

Après deux jours de vaines recherches, Cowburn, un ancien technicien du pétrole, partit pour Tarbes, où il devait reprendre contact avec un agent. Il était convenu avec Alexandre d'un rendez-vous de repêchage dans un certain café de la ville au cas où les hasards du parachutage les sépareraient. Il le retrouva avec soulagement à la terrasse du café.

Ils mirent évidemment le cap sur Lyon. Les agents du SOE étaient alors attirés par Lyon comme la limaille de fer par l'aimant. Cette tendance au grégarisme, si contraire à une clandestinité bien comprise, restera tout au long de la guerre leur faille principale, et la cause de grandes catastrophes. À les voir se chercher et se retrouver, on les croirait entêtés à reformer un club. C'était peut-être une conséquence fâcheuse de leur entraînement : ils y avaient pris l'habitude de l'équipe. La solitude est de toute façon une vocation peu partagée. Mais l'irrésistible attraction de Lyon s'expliquait par Virginia Hall, une longue fille rousse, correspondante locale du *New York Post*, agent du SOE, quoique américaine. D'une activité inlassable, audacieuse mais non téméraire, protégée par d'utiles relations dans la police locale, elle était devenue la mère poule des Petits Poucets esseulés. Le contact perdu avec Londres, on revenait à Virginia, qui gardait toujours un George sous la main. Elle trouvait des planques, procurait de l'argent, faisait nettoyer le linge sale, obtenait des informations sur le sort des agents capturés, redressait le moral défaillant. Sa seule faiblesse était

Cuthbert. Lors des conciliabules tenus dans son appartement assez sinistre, et quand on formait pour elle quelque projet, elle grommelait : « N'oubliez pas Cuthbert... Avec Cuthbert, ce ne sera pas simple... » Si un néophyte demandait qui était ce Cuthbert acharné à mettre des bâtons dans les roues, elle saisissait à deux mains sa jambe droite et posait le pied sur la table, où il faisait un bruit sourd : « Voilà Cuthbert. Il est en bois. »

Comme prévu, elle fournit un George. Mais l'homme demanda un délai pour régler des affaires personnelles ; il rejoindrait Alexandre à Paris.

Cowburn et Alexandre franchirent la ligne de démarcation sans problème grâce à une méthode mise au point l'année précédente par le premier. Des cheminots amis les firent se glisser dans une cavité du tender de la locomotive, sous le réservoir d'eau ; quelques branches mises en travers servaient de plancher aux passagers clandestins.

À Paris, ils attendirent le radio chaque jour à treize heures au pied de la tour Eiffel. Alexandre prenait des contacts. Il s'était acheté une bicyclette. En la faisant immatriculer au commissariat, comme c'était alors la règle, il s'étonna qu'on lui fît jurer sur l'honneur qu'il n'était pas juif.

Le radio ne se présentant toujours pas, Cowburn décida de redescendre à Lyon pour tirer l'affaire au clair.

Alexandre prit le train pour Angers.

Dans la lettre destinée à être lue après sa mort éventuelle, il annonçait à Yvonne qu'il partait en mission en France, mais que les impératifs de sécurité lui interdiraient de la rencontrer. Il ne résista pas à la tentation. Après tout, il avait fait une partie de ses stages avec Grover-Williams, lui aussi ancien pilote de course, mais appartenant à l'élite, et Grover-Williams ne celait point son impatience de retourner à Paris pour y retrouver sa femme.

Angers était une imprudence. On y connaissait Yvonne comme madame Wilkinson et la Gestapo locale venait régulièrement lui demander si elle avait des nouvelles de son mari. Alexandre lui-même était une figure familière à beaucoup d'Angevins. Il porta des lunettes à verres neutres, se laissa pousser une moustache qui présentait l'avantage de modifier sa physionomie et l'inconvénient d'accentuer son côté british, et évita de se rendre dans le centre de la ville avant la tombée de la nuit. Aidé par Yvonne, il eut tôt fait de créer avec quelques amis l'embryon d'un réseau prometteur. Janus involontaire, il nous apparaîtrait comme l'émissaire mystérieux d'une lointaine planète ; à Angers, il n'était que ce cher vieux Teddy qu'on avait vu s'escrimer pendant des années à placer ses appareils de chauffage.

Il retournait souvent à Paris dans l'espoir d'y récupérer enfin son indispensable George. À quoi bon recruter des candidats au combat s'il demeurait incapable de leur fournir les moyens de ce combat ? Seule une liaison radio pouvait faire éclore dans la nuit angevine les parachutes des conteneurs d'armes. Alexandre était obsédé par la pensée que le débarquement aurait lieu cet été 1942 et qu'il serait condamné à l'inutilité. Il avait dit à Cowburn que, s'il ne parvenait pas à régler ce maudit problème de radio, il verrait rouge et, faute d'explosifs, attaquerait ses objectifs avec une barre de fer.

Le George finit par se présenter au point de rendez-vous fixé plusieurs semaines plus tôt. Ce n'était pas celui qui était prévu. Il y avait eu des problèmes. Mais bon, après tout ce temps perdu, le travail sérieux allait enfin pouvoir commencer.

L'enthousiasme d'Alexandre ne survécut pas à la découverte que son radio logeait à Paris chez un officier allemand dont il était l'amant.

16

Cette guerre si romanesque, je pense parfois qu'elle épuise le roman.

Denis Rake était né en 1901 à Bruxelles d'un père anglais, correspondant du *Times*, et d'une mère galloise, cantatrice à l'Opéra de la Monnaie, que sa carrière de soprano colorature passionnait trop pour qu'elle perdît son temps avec un enfant ; aussi le confia-t-elle dès l'âge tendre de trois ans au fameux cirque Sarazini. Parfaitement heureux, il sillonna l'Europe jusqu'à sa treizième année, d'abord juché au sommet de la pyramide humaine, puis descendant au fur et à mesure qu'il prenait du poids. En 1914, le cirque, empêché par la guerre, le rendit à ses parents. Son père fournissait des faux papiers au réseau de la malheureuse Edith Cavell. Il échappa à la rafle qui conduisit l'infirmière au poteau, mais mourut bientôt de tuberculose. La veuve réussit à passer en Angleterre avec son fils. Désœuvré, Denis suivit des cours de transmissions radio sans trop savoir à quoi cela pourrait bien lui servir.

À la fin de la guerre, il retourna à Bruxelles. La grâce de ses dix-huit printemps tourna la tête d'un diplomate anglais qui, nommé à Athènes, l'emmena avec lui. Le fait que l'homme fût marié compliquait un peu les choses. À peine les deux amants s'étaient-ils séparés qu'un prince de la famille royale grecque se prenait pour Denis d'une passion partagée et l'entretenait sur un pied somptueux. L'entrée du prince en politique compromit la romance, devenue la cible de la presse d'opposition. D'abord mis en réserve dans un palace de Venise, Denis Rake finit par regagner l'Angleterre. Pendant quinze ans, il joua dans des comédies musicales, atteignant son zénith professionnel avec *Mercenary Mary*, où il tenait le premier rôle.

Mobilisé en 1939, son français impeccable lui valut de servir comme interprète à Nantes. La débâcle venue, il réussit à s'embarquer en catastrophe sur le *Lancastria*, qui fut coulé. Il ne savait pas nager. Un camarade le sortit de l'eau. On l'affecta alors, toujours comme interprète, sur le dragueur de mines *Pollux*, l'une des rares unités françaises à avoir rallié de Gaulle. Le *Pollux* fut coulé en juillet. Rake en réchappa de justesse. Jugeant peut-être qu'il ne portait pas chance à la marine alliée, ses supérieurs l'affectèrent à terre. Il s'ennuya. Il était mûr pour le SOE.

Un agent n'ayant chance de survivre en France que s'il maîtrisait parfaitement la langue, le SOE recrutait parmi les rejetons de couples franco-britanniques et les anciens cadres techniques ou commerciaux, souvent de rang supérieur, qui avaient longtemps travaillé outre-Channel. Maurice Buckmaster, chef de la section française du SOE, avait lui-même dirigé la filiale de Ford en France. Une poignée de Mauriciens et plusieurs Canadiens furent enrôlés pour la même raison.

Bien sûr, nul n'était requis contre sa volonté : on pouvait sans problème refuser la proposition des officiers recruteurs. Ils restaient dans le flou, pour d'évidentes raisons de sécurité, si bien qu'une jeune femme demanda au milieu d'un stage pourquoi on lui apprenait à tuer des hommes à mains nues : elle avait passé dans la presse une demande d'emploi de secrétaire bilingue. La majorité des femmes servant au SOE n'appartenait pas à cette catégorie sociale : presque toutes venaient de la bourgeoisie aisée, et les cinquante qui furent envoyées en France démontrèrent, à quelques exceptions près, des qualités plutôt supérieures à celles de leurs homologues masculins.

L'ennui fournit des troupes. Si les aviateurs et les marins britanniques se battaient furieusement, les fantassins n'étaient guère employés qu'en Cyrénaïque, où l'essentiel des forces venait d'ailleurs du Commonwealth. En Angleterre, les civils des villes bombardées couraient plus de risques que les soldats dans leurs camps. Beaucoup de volontaires préférèrent un travail dangereux, mais excitant, à la morosité d'une vie militaire atone qui semblait ne devoir jamais finir. Quelques-uns aspiraient à retrouver en France leurs amours. Le patriotisme intraitable de Ben Cowburn et d'Alexandre n'allait pas jusqu'à englober la cuisine anglaise. Mais, au-delà des pulsions individuelles, une ardente volonté de servir restait naturellement la motivation principale.

Aucun de ses instructeurs du SOE ne devait oublier Denis Rake.

De ses deux naufrages, il conservait une insurmontable allergie aux explosions et même aux simples détonations ; aussi refusa-t-il d'emblée de s'initier au maniement des explosifs et des armes à feu. De toute façon, il acceptait d'être tué mais non pas de tuer. Les instructeurs n'auraient pas été plus surpris d'entendre un loup se mettre à bêler. Rake estimait d'autre part qu'à quarante ans – âge supérieur à la moyenne des recrues du SOE – il était trop vieux pour se livrer à des gamineries telles que le parcours du combattant ou les raids de commando dans la lande écossaise ; il s'abstint donc de participer aux exercices physiques. Buckmaster le convoqua à Londres et le supplia de se montrer raisonnable. Rake fut inébranlable. C'était en 1942. Un an plus tard, on lui aurait montré la porte. Mais la pénurie d'opérateurs radio était alors cruelle et Rake, grâce à sa formation précoce durant la Grande Guerre et à un don indéniable, comptait parmi les meilleurs pianistes du service.

Il effectua ses cinq sauts d'avion en obtenant du dispatcher un coup de pied au derrière contraire au règlement, mais se déclara incapable de sauter du ballon fixe sous prétexte que le flux d'air le long du fuselage lui manquait. L'affaire remonta une nouvelle fois jusqu'à Buckmaster, dont l'un des adjoints explosa : « Je ne vois pas comment nous pourrions nous fier au courage d'un homme incapable d'appuyer sur la détente d'un revolver ! » Buckmaster décida de se fier à la compétence technique d'un homme qui savait si bien manipuler son émetteur.

Envoyé à Gibraltar par avion, mis dans un sous-marin, transbordé sur une felouque, Rake se retrouva, la nuit du 14 mai 1942, deux semaines avant le parachutage de Cowburn et d'Alexandre, dans un canot en caoutchouc au large de Juan-les-Pins, avec deux valises dont l'une contenait son émetteur, lourd de quatorze kilos, et une canne à pêche pour tenter de justifier sa présence sur le rivage au cas où une patrouille de police le surprendrait. Bien entendu, son contentieux avec l'élément marin l'avait détourné des exercices nautiques pratiqués en Écosse. Submergé par la panique, il faillit revenir à la felouque. Seule la certitude qu'il ne pourrait plus jamais se regarder dans une glace lui donna la force de ramer vers la plage.

Les officiers du SOE en mission sur la Côte d'Azur formaient un club particulièrement convivial. Leurs activités laissaient un peu à désirer, tant sur le plan de la sécurité que sur celui de l'efficacité. Déçu, Rake mit le cap sur Virginia Hall, consolation des affligés. Elle le logea chez une prostituée de ses amies qui, dès le premier soir, voulut démontrer à son hôte sa ferveur pour la cause alliée, mais se rangea de bon cœur à ses raisons. Le logement étant situé au rez-de-chaussée, les émissions passaient mal ; il fallut déménager. Rake trouva un emplacement adéquat. Un jour, à un contrôle banal dans la rue, un policier voulut lui faire ouvrir la valise contenant son émetteur. Il s'en tira en prétendant se livrer au marché noir et en donnant vingt mille francs au policier.

Il s'entendait à merveille avec Virginia Hall, faisait d'excellente besogne avec son émetteur, et, le soir, se produisait dans des boîtes de nuit, ce qui lui assurait une couverture parfaite : comment soupçonner un homme poussant la chansonnette grivoise avec des déhanchements suggestifs d'être un agent britannique en mission ?

Une petite trahison fragilisa sa position. Un jeune agent du SOE, récemment parachuté, qu'il avait rencontré chez Virginia, se rendit chez une parente lyonnaise et lui révéla qu'il arrivait de Londres. La parente, pétainiste fanatique, le dénonça à la police. Le garçon préserva la précieuse Virginia Hall mais livra le signalement de Rake.

Avertie, Virginia ne voyait d'autre issue que le retour de Rake en Angleterre. Il suggéra une meilleure solution. Le George désigné pour rejoindre Alexandre à Paris n'avait pas réussi à passer la ligne de démarcation. Peut-être s'était-il résigné assez vite à l'échec : la radiogoniométrie allemande opérait des coupes claires et les George avaient une tendance compréhensible à préférer la zone non occupée. Rake proposa de prendre sa place.

La tentative de passage, organisée par un charcutier pourtant expérimenté, se termina par la capture du groupe. Conduit à Dijon, Rake perdit plusieurs dents au cours d'interrogatoires sévères. L'étau se resserrait sur lui, et le pire se profilait déjà, quand l'aumônier de la prison le fit évader en l'introduisant, nez et oreilles bouchés par de la ouate, dans un bidon d'eaux grasses.

À Paris, il commença par une visite au Bœuf sur le toit, qu'il avait beaucoup fréquenté avant la guerre. Il rencontra Max, vêtu en civil, au bar de l'établissement. Le coup de foudre fut réciproque. Max, officier de l'état-major de la Wehrmacht à Paris, appartenait à une vieille famille allemande et haïssait le nazisme.

Dans la journée, Denis Rake passait au point de rendez-vous prévu ; le soir, il se produisait dans les boîtes de Pigalle, dont le célèbre Chez ma tante ; la nuit était pour Max.

Alexandre déboulait dans une existence somme toute idyllique.

17

Si disposé qu'il fût à consentir à son pays le sacrifice de sa vie, Alexandre n'était psychologiquement pas préparé à le faire en équipe avec un camarade de combat qui chantait dans des boîtes de travestis avant d'aller s'étendre dans les bras d'un officier ennemi. Ses critères moraux ne l'y prédisposaient guère, et même si on lui avait répété, à Warborough Manor et autres lieux, que sa guerre échapperait au classicisme, il n'avait jamais envisagé qu'elle pût atteindre à un tel degré de choquante extravagance. Il ordonna à Rake de mettre un terme à sa liaison. Rake refusa en expliquant que Max et lui s'aimaient d'amour, ce qui porta probablement à son comble le désarroi d'Alexandre. On en resta là. Mais les chances d'une relation harmonieuse entre les deux équipiers étaient compromises.

Soucieuse de sécurité, Virginia avait décidé que l'émetteur franchirait la ligne par une autre filière que Rake. Il serait déposé chez une comtesse parisienne de ses amies. L'homme envoyé chez la comtesse ne revint pas. Rake avait le contact avec un réseau français disposant d'une liaison avec Londres. Il fit demander un nouvel émetteur. Les jours passèrent sans qu'il arrivât. Alexandre décida de redescendre à Lyon avec Rake.

La séparation entre les deux amants fut déchirante. Rake n'avait pas aimé à ce point depuis son prince grec. Il aurait voulu terminer ses jours avec Max. La passion qu'il lui vouait facilita cependant les choses. Max s'affichait avec lui dans les boîtes de nuit, à l'indignation de ses camarades allemands. La Wehrmacht nazie passait par les armes les homosexuels découverts dans son sein. Une séparation sauverait probablement la vie de son amant.

On imagine ce qu'un Trepper eût tiré de Max. Mais les agents du SOE, même s'ils accueillaient avec plaisir et transmettaient à Londres les renseignements qui leur parvenaient, avaient davantage vocation à tuer les officiers allemands qu'à les manipuler – exercice délicat auquel on ne les avait d'ailleurs pas préparés.

Ils passèrent la ligne sans difficulté. À Lyon, Virginia remit à Rake un émetteur du dernier modèle, une merveille qui ne pesait plus que quelques kilos et se logeait aisément dans un attaché-case. À sa grande joie, Alexandre retrouva chez elle Richard Heslop, un compagnon de stage avec lequel il avait beaucoup sympathisé. Heslop avait été débarqué, comme Rake, sur une plage de la Côte d'Azur, et avait éprouvé comme lui quelques déceptions. On décida que le trio passerait la ligne de démarcation près de Limoges. Alexandre et Rake rejoindraient ensuite Angers où ils feraient prospérer le petit réseau déjà en place ; Heslop attendrait dans une planque sûre de nouvelles instructions.

Ils prirent le train pour Limoges où allaient se tendre, au fil de péripéties abracadabrantes, les ressorts de la tragédie finale d'Alexandre.

L'ambiance était détestable. Alexandre n'adressait pratiquement plus la parole à Rake. Il en avait fait à Heslop un portrait dégoûté. « Ce clown. » Un pitre tremblant dans sa culotte. Richard Heslop était né, lui aussi, d'un père anglais et d'une mère française. Il avait travaillé au Siam dans le commerce du bois de teck. C'était un homme trapu, solide, taciturne, animé par un patriotisme à l'image de celui d'Alexandre. Il confiait volontiers que l'Angleterre était à ses yeux la seule nation au monde méritant qu'on se dévouât pour elle. Amateur d'alcools et de bonne chère, l'exubérance sexuelle n'était pas son fort. Il devait s'honorer plus tard d'une nuit passée dans le même lit que la jeune et jolie personne qui lui servait d'agent de liaison, sans hasarder le moindre geste suspect, au grand étonnement de la fille. Rake ne pouvait que le déconcerter. Il lui trouvait la fébrilité d'un « moineau terrorisé », tout en admettant que les épreuves subies à Dijon étaient de nature à ébranler un système nerveux. En fait, Rake avait survécu à deux naufrages, émis de Lyon des centaines de messages, subi l'interrogatoire musclé de la Gestapo dijonnaise, et réussi une évasion risquée. La contribution d'Alexandre à la victoire alliée restait par force très mince, et Heslop, depuis son arrivée en France, avait l'impression de gaspiller l'argent du contribuable britannique.

À Limoges, Alexandre et Heslop déposèrent Rake dans un café qui louait quelques chambres et s'installèrent eux-mêmes dans un hôtel. Le trio se retrouva pour dîner au restaurant de l'hôtel des Faisans. Alexandre et Heslop s'abstinrent de mentionner où ils étaient descendus. Rake pensa qu'ils se méfiaient de lui. Il ne se trompait pas. L'ostracisme dont il était victime l'ulcérait. Et il ne s'éprouvait pas en sécurité dans son café-hôtel dont la patronne lui témoignait une hargne maussade.

On convint de se retrouver le lendemain matin à onze heures devant les Faisans.

Alexandre et Heslop arrivèrent à l'heure exacte. Rake n'était pas là. Les instructeurs du SOE répétaient inlassablement aux stagiaires qu'il ne fallait en aucun cas attendre à un rendez-vous au-delà de l'heure fixée. Alexandre et Heslop estimèrent que « le clown » relevait d'une catégorie à part. Ils firent à pas lents le tour du pâté de maisons. À leur deuxième passage devant l'hôtel, cinq policiers fondirent sur eux.

Rake avait été arrêté trois heures plus tôt à son café-hôtel. Un contrôle de police banal, à moins que la patronne ne l'eût suscité. Le policier demanda à examiner les bagages du voyageur. Rake, redoutant une visite de sa chambre par la patronne, avait, la veille au soir, emporté l'émetteur à l'hôtel des Faisans et l'avait caché dans un recoin du vestiaire, où il était toujours. Mais il affirmait être venu à Limoges pour chercher du travail et le policier trouva dans sa valise soixante-cinq mille francs, somme importante pour l'époque. Circonstance aggravante : les billets neufs n'étaient pas épinglés par liasses de dix, contrairement à l'habitude des banques françaises.

Alexandre et Heslop protestèrent hautement qu'ils ne connaissaient pas Rake. Or, les billets trouvés sur Alexandre étaient numérotés en continuité avec ceux du radio. Les cartes d'identité d'Alexandre et de Rake, censées avoir été délivrées dans deux villes différentes, étaient rédigées de la même écriture. Il fallut en rabattre.

Pour Alexandre et Heslop, la trahison de Rake ne faisait aucun doute : lui seul connaissait le lieu et l'heure du rendez-vous. Heslop affirma par la suite que le radio lui avait avoué son moment de faiblesse : arrêté, il ne pensait pas pouvoir tenir le coup sans la présence de ses deux camarades.

Rentré en Angleterre, Rake devait pourtant sortir blanchi de l'enquête conduite par les chefs du SOE. Selon lui, la patronne du café-hôtel était responsable de tout. Alors que le policier emmenait Rake, elle lui avait crié : « N'oubliez pas ses deux copains ! » Et comme le radio affirmait ne connaître personne à Limoges, elle avait fourni le signalement d'Alexandre et de Heslop ainsi qu'une description précise de leur habillement. Le SOE vérifia. Les deux hommes portaient bien les vêtements indiqués. Ainsi Alexandre et Heslop, tous deux les yeux pâles et la carnation claire, déambulaient-ils ce matin-là dans les rues de Limoges vêtus identiquement d'un complet noir, d'une chemise bleue et d'une cravate verte, telles ces paires de tueurs des films américains de série B débarquant dans une ville pour exécuter un contrat. Les policiers ne pouvaient guère les manquer.

Si Rake, arrêté dès huit heures, avait livré ses camarades, ceux-ci auraient sans doute été arrêtés dès leur premier passage devant l'hôtel. Le fait qu'ils ne le furent qu'au second plaide en sa faveur. D'un autre côté, la coïncidence demeure, fâcheuse, que l'arrestation eut lieu exactement au point de rendez-vous.

Quoi qu'il en soit, au soir de ce funeste 15 août 1942, le trio malheureux dormit sous les verrous.

18

Toute généralisation est abusive. S'agissant de cette époque, elle condamne à manquer à l'équité. Écrire que le SOE cédait au grégarisme ne rend pas justice à ses dizaines d'agents qui observèrent scrupuleusement les règles de sécurité. Même la Gestapo ne fut pas homogène. La Surveillance du territoire, à l'œuvre dans l'éphémère royaume de Pétain, et entre les mains de laquelle se retrouvait le trio, n'échappa pas à la disparate. Certains de ses fonctionnaires rallièrent très tôt le camp allié ; d'autres pourchassèrent sans merci résistants et agents britanniques ; le marais ménagea la chèvre et le chou en attendant de discerner à qui irait la victoire. Une date cruciale : Stalingrad. Mais, en cet été 1942, les divisions blindées allemandes fonçaient vers la Volga et Stalingrad sans que rien ne parût pouvoir briser leur élan. Quatre jours après l'arrestation du trio, le sang canadien ruissellerait sur les galets de Dieppe et la propagande ennemie présenterait un simple raid comme une tentative de débarquement repoussée.

Le commissaire de la Surveillance du territoire de Limoges détestait les Allemands. Il avait femme et enfants. On peut juger – c'était l'opinion d'Alexandre – qu'il fut une âme molle engluée dans les prudences. On peut au contraire considérer qu'il alla au bout de ses possibilités, compte tenu des circonstances. Le plus vraisemblable est que deux cultures, énigmatiques l'une à l'autre, se croisèrent sans se comprendre.

Le commissaire, qui se défiait de certaines de ses gens, invita Rake à la table familiale et lui proposa de le transférer à l'hôpital de la ville ; ses accointances dans la place faciliteraient son évasion. Rake fit un lamentable gâchis de l'opportunité. Reconnu dans le hall par une infirmière, il n'osa bousculer un vieillard qui, tétanisé par les cris, se tenait en travers de la porte d'entrée. L'année précédente, l'agent du SOE Gerry Morel s'était évadé du même hôpital après avoir subi une lourde opération à l'abdomen, les jambes flageolantes, le ventre couturé par les points de suture.

Le commissaire autorisa alors Rake à se rendre à Lyon pour reprendre contact avec Virginia Hall, moyennant son engagement sur l'honneur de revenir au bercail. Il évoquait sans cesse son souci de sa famille. Virginia avait appris la triple arrestation du 15 août. L'apparition inattendue de Rake la remplit de joie. Un Lysander devait atterrir le soir même sur une prairie proche de Lyon : le radio serait à Londres dans la nuit. Rake observa que c'était impossible, puisqu'il avait donné sa parole d'honneur. Virginia le regarda et dit : « Vous autres Anglais, vous êtes de drôles de types. »

Alexandre s'était engagé, lui aussi, à ne pas essayer de s'évader ; moyennant quoi il se rendait fréquemment, sans escorte, au domicile du commissaire. Heslop donna à son tour sa parole pour bénéficier d'une sortie. Les deux camarades se promenèrent dans la campagne sous la seule surveillance d'un inspecteur, secrétaire du commissaire, qui avait amené une femme avec lui. On s'allongea au soleil sur la rive de la Vienne. Heslop montra à son ami le couple qui parlait à l'écart : « Ce serait facile, murmura-t-il. Un coup sur la tête du gars, un bâillon dans la bouche de la fille, et on file. » Mais ils avaient donné leur parole d'honneur.

Heslop se demanda longtemps si le commissaire n'avait pas été déçu de les voir revenir de leur escapade champêtre.

Alexandre et lui préparaient en fait une évasion. La configuration des lieux s'y prêtait. Ils avaient descellé au ciseau à froid les crampons bloquant une porte condamnée. Quand tout fut prêt, Alexandre décida d'annoncer au commissaire qu'il reprenait sa parole. Une fouille immédiate révéla leurs préparatifs.

L'ordre arriva de transférer les trois prisonniers à la prison de Castres.

En quittant les locaux de la Surveillance du territoire, Alexandre, dont la souveraineté avait impressionné tant ses camarades que les policiers, exprima sans ambages à ces derniers le mépris dans lequel il les tenait. Le commissaire songea peut-être, comme Virginia Hall, que les Anglais étaient de drôles de types.

Castres fut une épreuve : strict isolement des autres détenus ; matons ignobles, à la limite du sadisme ; pour toute nourriture, une tranche de pain par jour et de l'eau baptisée soupe. Rake partagea un temps la cellule des deux autres. Ils ne lui laissèrent pas une chance de s'expliquer. Alexandre faisait comme s'il n'existait pas. Un jour, le secrétaire du commissaire se présenta à la prison, accompagné d'un homme qui prétendait appartenir au Deuxième Bureau. Bien qu'il leur eût fourni, à Limoges, le ciseau à froid nécessaire au descellement des crampons, ils se méfiaient du secrétaire, ne le trouvant pas franc du collier. Il leur exposa un plan d'évasion brumeux qui nécessitait une forte somme d'argent pour acheter une voiture au marché noir. Estimant que des policiers n'avaient aucune difficulté à disposer d'une voiture et que le secrétaire n'en voulait qu'à leurs contacts avec le SOE, Alexandre et Heslop déclinèrent la proposition.

Ils furent placés dans des cellules séparées. La famine les épuisait. Chaque mouvement leur coûtait. Ils souffraient de maux de tête chroniques. Lorsqu'on les rassembla pour un nouveau transfèrement, chacun fut effrayé par l'amaigrissement des deux autres.

Au camp de Chambaran, dans l'Isère,

peuplé essentiellement d'aviateurs abattus et de prisonniers anglais évadés mais repris en zone non occupée, ils furent accueillis dans la liesse : les Alliés venaient de débarquer en Afrique du Nord. Trois jours plus tard, le 11 novembre 1942, la Wehrmacht franchissait la ligne de démarcation. Le directeur du camp, un homme honorable, libéra aussitôt ceux de ses détenus qui risquaient des représailles, tels les prisonniers ayant tué quelque Allemand pour s'évader, et naturellement les agents.

Rake rejoignit Alexandre et Heslop à la porte du camp. Alexandre se retourna et lâcha : « Va te faire foutre. » Puis il s'éloigna avec son ami.

Rake réussit à passer en Espagne, traînant à sa suite deux de ses compatriotes dont aucun ne parlait un mot de français. Il fit le stage habituel dans un camp d'internement espagnol avant d'être récupéré par le consulat britannique. Durant son séjour au camp, il se lia avec un garçon qu'il surnomma affectueusement Nanki Pooh et qui lui montra bientôt ses photos de famille. Il avait deux frères. L'un d'eux était Alexandre, photographié dans son uniforme de la RAF, dont Rake ne connaissait évidemment que le pseudonyme. Le garçon, intéressé par les récits de Rake, lui demanda de le recommander au SOE lorsqu'ils auraient regagné l'Angleterre. Rake fit le nécessaire. George Wilkinson, parachuté en France, fut capturé par la Gestapo près d'Orléans, au mois de juin 1944, et pendu le 6 septembre de la même année à Buchenwald. Herbert, troisième et dernier frère Wilkinson, pilote de chasse, avait été tué en combat dans le ciel tunisien.

19

C'est par les Joulian qu'Alexandre rencontra mes parents. La sœur de madame Joulian avait épousé un fourreur juif installé à Paris, rue Bergère. J'ignore comment nous avons connu ce couple que sa situation précaire n'empêchait pas de participer à l'action clandestine. Sans doute le fourreur avait-il eu recours avant la guerre aux services professionnels de mon père. Ils étaient devenus amis.

Après avoir été cuisinier sur des paquebots et maître d'hôtel au Savoy de Londres, Jean Joulian exerçait au Puy le négoce en gros des lentilles à la belle enseigne des « Lentilles vertes et blondes

des monts Volcaniques ». Presque aussi large que haut, le regard gai derrière les verres épais de ses lunettes, d'une vitalité électrique, il s'était tôt engagé dans la résistance active puisqu'il avait rendu des services au réseau monté par l'agent de la France libre d'Estienne d'Orves, débarqué sur la côte bretonne en octobre 1940, capturé en janvier 1941, fusillé sept mois plus tard. Depuis, l'éclectique Joulian travaillait pour un groupe d'officiers résistants appartenant à l'armée d'armistice aux ordres de Vichy, et s'étais mis à la disposition d'Alexandre, qu'il avait connu à Londres. On aurait beaucoup étonné Joulian en lui révélant qu'une détestation vigilante opposait les trois organisations bénéficiant de son concours passé ou présent, de même que mes parents eussent été stupéfaits d'apprendre que l'état-major gaulliste considérait comme des brebis égarées, sinon galeuses, les résistants œuvrant pour le SOE.

L'enseignement dispensé par une profusion de récits et de films d'espionnage conduit aujourd'hui un public informé à considérer l'amateurisme des résistants d'un œil critique, voire incrédule, tel ce correspondant qui, sachant les règles de la clandestinité sur le bout du doigt grâce à ses bonnes lectures, se refusait à croire mes parents assez fous pour ne pas nous cacher qui était Alexandre. Mais ni mon père ni ma mère n'avaient lu de leur vie un roman d'espionnage, et personne n'était disponible pour leur apprendre le métier. Les aventures déroutantes vécues par Alexandre, Heslop et Rake, pourtant formés pendant des mois par d'excellents instructeurs, démontrent au demeurant que la clandestinité est, sinon un don, du moins une manière de vivre qui ne s'apprend que par l'expérience.

Cela posé, on reconnaîtra volontiers l'imprudence du gigantesque Union Jack qui, tout au long de l'Occupation, recouvrit un mur du salon des Joulian. En revanche, leur appartenance à des réseaux divers – infraction à la sacro-sainte règle du cloisonnement – pouvait se justifier par l'urgence et par la rareté des bonnes volontés. Dans le même temps qu'ils aidaient des aviateurs abattus et hébergeaient Alexandre, mes parents cachaient à Baslieux-lès-Fismes un client de mon père recherché par la Gestapo. Son obésité l'avait sauvé : les gestapistes venus l'arrêter à son bureau, rue de Rivoli, le trouvèrent s'agitant, nu comme la main, sous la direction du professeur de gymnastique qui, trois fois par semaine, s'efforçait de lui faire perdre quelques-uns de ces kilos que tant de Français s'ingéniaient en vain à regagner. Il passa dans la pièce voisine où étaient ses vêtements. Vraisemblablement dégoûtés par un tel déferlement de chairs pourpres, car sa peau richement irriguée pavoisait dans l'effort, les gestapistes s'abstinrent de le suivre. Il s'esquiva par l'escalier de service. Comment dire à un homme pourchassé qu'une stricte observance des règles du cloisonnement interdit de l'aider ? Curieusement, il était si maigre, dans sa jeunesse, qu'on le surnommait « Fil de fer », grâce à quoi il avait, pendant la Grande Guerre, compté parmi les pionniers de l'aviation de combat dont les appareils faits de toile et de contreplaqué excluaient les hommes de poids. Il me fascinait en me racontant les premières missions de bombardement ; elles consistaient pour le pilote à se pencher par-dessus le rebord de son habitacle et à renverser à l'aplomb des tranchées allemandes des caisses remplies de fléchettes d'acier. Comme il a survécu jusqu'à Hiroshima, il fait partie de cette poignée d'hommes qui ont vu leur invention – le bombardement aérien – connaître la progression la plus foudroyante de l'histoire de l'humanité.

Alexandre et Heslop, relâchés du camp de Chambaran avec quelque argent mais sans papiers, avaient décidé de rallier Le Puy. Ils choisirent d'y aller à pied, supposant que la mainmise imminente de la Wehrmacht multiplierait les contrôles dans les transports publics. L'état de faiblesse où les avait mis le régime de Castres fit un calvaire de cette marche de cent soixante kilomètres à travers les monts d'Auvergne. Par malchance, le temps était sibérien, avec blizzard, tempêtes de neige, routes verglacées. Heslop crut plusieurs fois qu'Alexandre allait mourir d'épuisement dans ses bras. En chemin, une paire de gendarmes leur demanda leurs papiers. Après qu'ils se furent présentés comme des aviateurs anglais dont l'appareil avait été abattu, les gendarmes leur proposèrent de l'argent et dispensèrent de bons conseils. Rake, de son côté, bloqué à Perpignan avec ses deux compagnons d'infortune, avait eu, en désespoir de cause, l'idée déconcertante de demander aide et assistance à un gendarme assis à la terrasse d'un café. Lorsqu'il fut parvenu à maîtriser le rire qui le secouait, le gendarme indiqua qu'il était le commandant de la compagnie de Perpignan, et organisa leur passage en Espagne.

Après trois jours et trois nuits de marche, Alexandre et Heslop atteignirent enfin Le Puy. Jean Joulian ne reconnut pas Alexandre, tant les souffrances l'avaient changé. On mangeait bien chez les Joulian. La table, du repos et des soins médicaux eurent tôt fait de retaper les deux camarades. Si leur hôte leur fournit d'excellents faux papiers, il échoua à leur procurer un contact radio avec Londres : l'arrivée des Allemands avait déclenché une série d'arrestations parmi ses amis lyonnais. Quant à Virginia Hall, elle avait franchi avec sagesse les Pyrénées, car elle figurait en priorité sur la liste de la Gestapo, dont le chef, Klaus Barbie, mal informé sur ses mœurs et sa nationalité, l'appelait « la putain canadienne ».

Il fallut bien s'organiser sans George. Alexandre, monté à Paris, retrouva son camarade d'entraînement Grover-Williams, l'ancien pilote de course. Grâce à lui et aux émetteurs dont disposait le réseau parisien du SOE, le contact fut rétabli avec Londres. Alexandre, décidément trop connu à Angers, reçut instruction de s'installer à Nantes, où il disposait de relations propices à la création d'un nouveau réseau. Heslop s'établit dans la pension de famille ouverte par Yvonne pour assurer sa subsistance, et reprit avec elle le groupe d'Angers. Il y eut encore des turbulences. La Gestapo locale, informée par Limoges ou Castres que le dénommé Wilkinson circulait en France, opéra une descente dans la pension et trouva le brouillon d'un message codé. Yvonne était absente. Heslop, d'un sang-froid admirable, réussit à se tirer d'affaire et se réfugia chez l'un de ses hommes. Yvonne rejoignit Alexandre à Nantes. Les indispensables liaisons radio passaient toujours par Paris.

Ils étaient encore tous les trois ensemble quand, après tant d'errances, de déconvenues, de souffrances aussi, après ces semaines et ces mois où le pire n'était pas le côtoiement quotidien de la torture et de la mort, mais le sentiment débilitant de ne servir à rien, cet événement eut lieu, que le temps écoulé et l'amoncellement des récits nous font trouver banal, mais que ses acteurs vivaient la première fois dans sa bouleversante étrangeté : quelques heures après la diffusion par la BBC du message transmis à Londres par Alexandre, un bombardier s'envola vers la France et, guidé par le clignotement de pauvres loupiotes, lâcha sur une prairie angevine les conteneurs bourrés d'armes que trois hommes et une femme rassemblèrent à la hâte pour les transporter jusqu'aux caches. Le combat pouvait commencer.

Le message annonciateur du parachutage disait : « Jim et Vic sont deux excellents chiens de chasse. » C'étaient les cockers dont Alexandre nous montrait les photos.

Il y eut d'autres parachutages. Une nuit, ils trouvèrent dans les conteneurs deux postes émetteurs dont Grover-Williams vint prendre livraison pour les emporter à Paris. Mais toujours pas de George, ce qui obligeait Alexandre à de fréquents voyages dans la capitale, où il savait sa sécurité moins assurée qu'à Nantes. Nous n'étions pas son seul point de chute, même si l'avenue de l'Observatoire gardait sa préférence. Yvonne, elle aussi, montait souvent à Paris pour remettre aux agents du SOE les rapports d'activité et les notes de renseignement qu'elle tapait à la machine. Trop copieux pour être transmis par radio, ces papiers étaient emportés par Lysander à Londres. Elle et ses amis rencontraient ma mère dans le café situé à l'angle de la place Edmond-Rostand et du boulevard Saint-Michel, en face du Luxembourg. Ma mère leur remettait les renseignements qu'elle avait pu glaner avec mon père. Elle a laissé le souvenir d'une femme rayonnante, jamais découragée, au sourire réconfortant. Je ne sais plus qui a dit : « La nuit n'est jamais si noire et si profonde qu'on ne puisse y trouver de quoi dresser un feu. » Aux pires moments, je l'ai vue trouver des brindilles d'espérance.

20

Mon second frère est le seul de nous quatre à garder souvenir du dernier passage d'Alexandre à la maison. Le dîner fut tendu. Alexandre avait reçu, par un intermédiaire dont il ne précisa pas l'identité, un appel à l'aide de deux de ses camarades en grande difficulté. Il était presque sûr qu'il s'agissait d'un piège. Mais il répétait : « On n'a pas le droit de ne pas répondre, quels que soient les risques. » Plus tard, Richard Heslop écrira : « Pour Alex, l'honneur comptait par-dessus tout. » Il avait rendez-vous le lendemain matin dans un café des Champs-Élysées.

J'imagine le regard de mes parents sur cet homme qui leur annonçait paisiblement sa décision de se jeter dans la gueule du loup, et dont les lèvres suppliciées pouvaient, quelques heures plus tard, nous livrer à l'ennemi.

Alexandre dormit comme à l'accoutumée dans la chambre de mon frère aîné. Le lendemain matin, il y laissa une sacoche, sa trousse de toilette, son pyjama et une paire de chaussures de marque anglaise. Il devait encore passer la nuit suivante chez nous.

Mais il ne revint pas.

Mon second frère a bonne mémoire. Une seule erreur : le rendez-vous était fixé dans un café du boulevard de Strasbourg, près de la gare de l'Est. Mais c'est peut-être qu'Alexandre a préféré garder pour lui le lieu exact de sa périlleuse rencontre. Je ne m'explique pas que mon second frère soit le seul à se souvenir d'un dîner dont la tension devait contraster si fort avec la sérénité habituelle à nos soirées en compagnie d'Alexandre. Car si le danger entrait avec lui, nous étions surtout sensibles au réconfort de sa présence : il incarnait Londres, Mecque de la liberté. Sans doute mon frère aîné était-il absent ce soir-là. Si Alexandre est arrivé en retard, nous avons dû, ma sœur et moi, dîner à la cuisine avec Rose.

L'intermédiaire était le secrétaire du commissaire de Limoges. Il avait pris contact à Paris avec une amie d'enfance d'Alexandre. Nul ne sait comment le secrétaire ou ses nouveaux maîtres avaient découvert qu'elle travaillait avec lui.

La veille du rendez-vous, Heslop se trouvait lui aussi à Paris. Inquiets de l'activité de la Gestapo à Angers, les chefs du SOE souhaitaient son retour en Angleterre et une mise en sommeil provisoire du réseau. Son interlocuteur parisien, France Antelme, un homme d'affaires originaire de l'île Maurice, écouta ses protestations, puis lui demanda s'il connaissait le secrétaire de Limoges avec qui Alexandre avait rendez-vous le lendemain. Heslop sut immédiatement son ami en danger. Le secrétaire ne leur avait jamais inspiré confiance. Il adjura Antelme d'empêcher Alexandre de se rendre au rendez-vous. Le major Suttill, chef d'une organisation parisienne qui coiffait alors maints réseaux, et dont l'autorité était par conséquent très grande, joignit ses objurgations à celles d'Antelme. Tout fut vain.

Le 6 juin 1943, Antelme et un autre membre du réseau virent Alexandre, accompagné de son amie d'enfance, entrer dans le café Le Globe, boulevard de Strasbourg. Ils n'en ressortirent pas, comme si on les avait escamotés. Cette mystérieuse disparition parut incompréhensible. L'explication est pourtant simple : le café disposait d'une sortie discrète sur la rue du Faubourg-Saint-Martin. L'amie d'enfance mourra à Ravensbrück.

Le surlendemain, ma mère brûla dans la chaudière les affaires laissées par

Alexandre, à l'exception de sa brosse à dents et de son pyjama, tous deux presque neufs, qu'elle donna à mon frère aîné. Les temps n'étaient pas au gaspillage, mais Alexandre aurait certainement désapprouvé la brosse à dents.

Quelques jours plus tard, deux hommes de son réseau, inquiets de sa disparition, prirent le risque de monter à Paris et de venir à la maison. Ils inspectèrent longuement l'avenue de l'Observatoire avant d'aller sonner à la porte du premier étage. Une femme leur ouvrit, qui était Rose. Ils donnèrent le mot de passe : « Le caporal fume du gris. » Rose appela ma mère. Celle-ci, vraisemblablement trop bouleversée pour parler, fit comprendre par gestes aux visiteurs qu'ils devaient filer sans délai. De fait, si le prisonnier parlait sous la torture, la Gestapo pouvait investir la maison à tout moment. Les deux hommes comprirent que c'en était fini d'Alexandre et dévalèrent l'escalier.

Il avait tenu en France un an et cinq jours.

C'était beaucoup plus que son camarade d'entraînement Robert Sheppard, aujourd'hui mon voisin sur la côte normande, qu'un navigateur catastrophique largua non pas sur le toit d'une gendarmerie comme il est écrit partout, y compris dans l'histoire officielle du SOE, mais sur celui de la maison voisine. Or, la dame des lieux était au lit avec son amant. Entendant du remue-ménage au-dessus de leurs têtes, elle crut que son mari s'était caché dans le grenier pour les surprendre et leur faire un mauvais parti. Affolée, elle téléphona aux gendarmes. L'une des missions les plus brèves des annales du SOE. (La femme infidèle, bonne patriote, ne se pardonna pas sa bévue, divorça, et épousa son amant.)

Même s'il avait duré plus longtemps que Sheppard et beaucoup d'autres, Alexandre dut éprouver, à l'instant où les hommes de la Gestapo lui passaient les menottes, un amer sentiment d'inachevé. Entre l'interminable quête d'un George et ses escales forcées à Limoges et à Castres, plus de la moitié de son séjour en France n'avait abouti à aucun résultat concret. Il n'était opérationnel que depuis cinq mois. Pourtant, rien ne serait plus injuste que de conclure à l'inefficacité du SOE à partir des péripéties décevantes vécues par Alexandre, Heslop et Rake. Avec de nombreuses exceptions, l'année 1942 fut pour le service le temps d'un labourage incertain ; 1943, celui des semailles et des premières pousses ; les moissons mûrirent en 1944. Richard Heslop, rappelé en Angleterre après l'arrestation de son ami, repartira pour l'Ain, où il armera trois mille maquisards qu'il mènera à un combat victorieux aux côtés du fameux colonel Romans-Petit. Pour réclamer des parachutages, il fera en quarante-huit heures l'aller-retour entre l'Ain et Londres, enlevé et déposé par les furtifs avions de l'« escadrille de la lune », et cette maestria renvoie à une lointaine préhistoire les tâtonnements de ses débuts en France. Denis Rake, qui faisait l'amour avec les hommes mais préférait faire la guerre avec les femmes, moins perméables aux préjugés imbéciles, va s'envoler pour l'Auvergne avec une équipière de son goût, gaillarde Australienne tout feu tout flamme qui ne ménagera pas, dans les maquis auvergnats, sa tenace allergie aux détonations.

Pour Alexandre, le jeu finit au moment où il entrait vraiment dans la partie. Il ne parla pas. Maurice Buckmaster, chef de la section française du SOE, écrivit sur son dossier personnel : « Un dur des durs. » C'est une preuve de plus que les étrangers, même quand ils maîtrisent bien le français, ne devraient pas se hasarder aux subtilités de l'argot, car l'expression, si elle exprime une vérité incontestable, convient mal au gentleman qu'était Alexandre.

Avenue Foch

21

Réfugiée chez notre oncle Max, rue Larrey, ma mère convoqua, l'après-midi, un conseil de fratrie.

Trois de ses frères manquaient à l'appel. Georges, que l'antimilitarisme familial avait conduit à rester simple soldat, était mort en 1917 en prenant la tête de sa section pour la lancer à la contre-attaque après que le lieutenant et les sous-officiers eurent été tués. Charles, mystérieusement disparu, n'était jamais évoqué dans les conversations familiales. Rose, qui savait tous les secrets, devait me révéler plus tard que, communiste, membre du Secours rouge, il avait été tué par les flics dans une manifestation de rue. Alexandre, l'aîné, s'était assis, nommé par Pétain, dans le fauteuil de maire de Louviers qu'occupait avant lui Pierre Mendès France, perdant du même coup et à jamais toute existence aux yeux de mes parents. Quant à la pauvre tante Paule, ma marraine, je crois bien que l'alcool et les désordres avaient déjà eu raison d'elle.

Pour la conseiller, ma mère retrouva donc ses sœurs Andrée et Renée, accompagnées de leurs maris, tous quatre chefs de service ou de bureau dans divers ministères, ainsi que Max et sa femme Hélène. Max, le plus jeune de tous, avait rejoint au cabinet de conseil juridique le frère cadet de mon père.

Les branches paternelle et maternelle de la famille possédaient en commun une petite extraction – on était paysan dans l'une, maçon dans l'autre – et un essor modeste commencé avec les grands-pères. Mais autant l'huissier, côté paternel, était pieux, discret, à l'écart du train du monde, autant le professeur de lettres, côté maternel, tonitruait contre cléricaux et militaires, tranchait sur tout au nom d'un socialisme plus proche de Jaurès que de Lénine, même s'il resta jusqu'à sa mort abonné à *l'Humanité*, et traînait dans la boue ses deux têtes de Turcs principales : Poincaré, « l'homme qui rit dans les cimetières », et Guynemer, parce que sa gloire donnait à croire à la jeunesse que la guerre pouvait être chevaleresque. Il s'était battu trois fois en duel pour Dreyfus, tout en déplorant profondément qu'il fût officier, et juif. Les juifs, pour lui, c'était la banque. Âgé de neuf ans lors de la Commune, il en chérissait le souvenir et ne manquait jamais, lorsqu'il enseigna à Paris, le pèlerinage annuel au mur des Fédérés. Benjamine de ses filles, ma mère avait sa préférence. Il l'éprouvait proche de lui, puisqu'elle résistait à son autorité ; aussi l'avait-il surnommée « la fille de la liberté ». Il l'emmenait aux manifestations, qui souvent tournaient mal. Elle avait peur. Mon grand-père, républicain à l'ancienne mode, perplexe face au marxisme, ne concevait pas que l'adversaire de classe et les forces à ses ordres pussent se dérober au respect de la loi. Quand la masse noire de la garde à cheval s'ébrouait et que l'officier lançait une sommation commençant, je crois, par « J'appelle les honnêtes gens à rentrer chez eux... », ma mère, terrorisée, le suppliait de partir. Serrant sa menotte d'une poigne inflexible, il répondait : « On ne bouge pas. Ils n'ont pas le droit de charger avant la troisième sommation. »

Avec cela, enseignant admirable, dévoué, accomplissant une vocation plus qu'il n'exerçait un métier. Un hussard de la République, en somme, mais je ne me hasarderai pas à lui coudre des épaulettes d'officier, même s'il était professeur agrégé. Au crépuscule de sa vie, il me faisait lire les témoignages d'affection reconnaissante qu'il continuait de recevoir d'anciens élèves, dont certains approchaient l'âge de la retraite. J'ai été ému quand ma femme, voilà quelques années, m'a montré, dans le livre de Braudel qu'elle lisait, une phrase le concernant. Fernand Braudel, octogénaire, se souvenait encore du « merveilleux professeur de latin » en compagnie de qui il avait vu pour la première fois un avion voler dans le ciel de Paris.

En fin de compte, un bonhomme impossible. « Toutes les vertus et pas une qualité » : mieux qu'à mon père, qui l'entendit souvent de la bouche encolérée de ma mère, la formule convenait à ce juste farouche bougonnant dans ses moustaches à la gauloise sa perpétuelle réprobation d'un monde qui, faute d'adopter ses principes, ne pouvait pas tourner rond.

L'âge ne l'avait pas encalminé. Il s'était retiré dans un faubourg de Louviers. En juin 1940, un soldat de l'armée en déroute, abandonné par ses camarades, fit son devoir en tirant sur l'ennemi. Celui-ci, indigné par la mauvaise manière, incendia délibérément le faubourg. Mon grand-père eut une heure pour déguerpir avec quelques vêtements entassés dans une brouette. Il avait soixante-dix-huit ans. Nous devons tenir de lui cette propension à nous retrouver si souvent embarqués par l'événement. Mes parents l'installèrent dans une coquette villa de Barbizon. Elle appartenait à un confrère de mon père, haut dignitaire de la franc-maçonnerie. Mes parents ne savaient pas trop quoi penser des francs-maçons, peuplade mystérieuse astreinte à des rites qui leur paraissaient un peu comiques. Mais puisque l'ennemi les persécutait, les choses devenaient claires. Mon père emprunta une charrette à bras à un client bougnat, déménagea les dossiers du confrère et les mit à l'abri. L'aïeul passa l'Occupation à fulminer contre les Prussiens. Sa guerre à lui, c'était celle de 1870. Il prononçait la première syllabe du mot « prussien » comme s'il expectorait un crachat, et finissait en soufflant de mépris.

Lorsque les multiples activités qui occupaient mes vacances me laissaient quelques jours de répit, ma mère m'expédiait à Barbizon. Ce n'était pas folichon. Le grand-père m'impressionnait beaucoup. Même l'heure difficile qu'il passait chaque matin aux cabinets, avec des résultats incertains, ne le ramenait pas à l'humaine dimension. Après le déjeuner, il prenait sa canne et nous allions nous promener en forêt de Fontainebleau, son chien gambadant devant nous ; il s'appelait Jim, comme l'un des cockers d'Alexandre. De temps en temps, l'aïeul pointait sa canne sur un arbre, dont je devais aussitôt donner le nom latin. J'étais le jeune latiniste le plus calé de France en vocabulaire sylvestre. Tout un séjour, notre promenade quotidienne nous mena à un coin de forêt où une compagnie de motocyclistes allemands s'entraînait à slalomer entre les rochers sur une pente assez rude. Les garçons prenaient les bûches avec bonne humeur, mais mon grand-père ricanait comme si c'était la Wehrmacht tout entière qui se retrouvait cul par-dessus tête. Quand je lui faisais observer que ses sarcasmes attiraient l'attention des officiers, il me répondait : « Rien ne serait plus beau pour moi que de finir fusillé par les Prussiens. » Et il bloquait ma main dans la sienne comme jadis la menotte de ma mère.

Son anticléricalisme restait virulent. Le dimanche, à mon retour d'une messe où je m'ennuyais beaucoup, il me demandait méchamment : « Alors, tu as mangé ton dieu ? » Je me sentais Tarcisius. Cette ambiance de catacombes fut sans doute à l'origine d'un incident fâcheux. J'appartenais de mauvais gré à une conférence ou association dont j'ai oublié le nom et qui regroupait des lycéens catholiques. À la veille de petites vacances, on nous demanda de revenir avec quelques pages sur notre vie spirituelle. Or, je n'avais aucune vie spirituelle. J'imaginai donc, à Barbizon, une rencontre avec un garçon qui avait perdu la foi et que je ramenais à la sainte table. Aux regards énormément respectueux dont m'honorèrent d'abord les responsables de l'association, je compris qu'une mauvaise mayonnaise se préparait. Un vieux prêtre roué me conduisit à des aveux complets. Ce fut un petit scandale. Je me disais : « Pourquoi tant d'histoires pour une histoire ? » Les romans, je me bornerais désormais à les lire.

Issus de familles sociologiquement comparables mais de convictions radicalement opposées, mon père et ma mère, sans perdre de temps à chercher un compromis introuvable, résolurent la difficulté par une manière de coup de théâtre.

Ils s'étaient rencontrés sur les bancs de la faculté de droit. De deux années sa cadette, elle était aussi blonde qu'il était brun, les yeux bleus, le teint lumineux ; sa famille avait ses racines en Flandre. La photographie, si elle captait sa beauté plastique, n'a jamais rendu justice à une séduction qui tenait à la vivacité des expressions. Son visage était passionnant.

La religion, surtout, posait problème, et d'autant plus que les grand-mères n'arrondissaient nullement les angles aigus des grands-pères. Côté paternel, l'épouse était aussi pieuse que l'époux ; en face, et au contraire de tant de couples où la femme faisait ses dévotions tandis que le mari croquait du curé, la grand-mère surenchérissait dans l'athéisme. Lorsqu'elle mourut prématurément, en 1925, elle fut, selon sa volonté, incinérée au Père-Lachaise ; à l'époque, l'incinération choquait même des athées militants.

Mon père convertit ma mère. L'amour profane ouvrait la porte au sacré, car ce qu'ils s'écrivaient alors témoigne de la passion qu'ils éprouvaient l'un pour l'autre. Au soir de sa première communion, le 19 janvier 1923, ma mère inaugura un grand carnet relié en cuir, aux feuilles de vélin, avec une cinquantaine de lignes à la fois vibrantes d'amour pour son futur époux et si pleines d'exaltation mystique qu'on les croirait rédigées par une moniale venant de prononcer ses vœux perpétuels. Le journal en resta là.

Politiquement, ils trouvèrent un moyen terme en militant pour la démocratie chrétienne, qui n'était point encore la chose blette qu'elle est devenue. Ils se situaient dans la mouvance de Marc Sangnier et de son Sillon, noms qui ne disent plus rien à personne, mais signifièrent beaucoup et inspirèrent de beaux dévouements en faveur d'un christianisme démocratique et social. Les dirigeants de la petite formation politique à laquelle appartenaient mes parents – Bidault, Menthon, Teitgen, les frères Coste-Floret... –, tous antimunichois, s'engagèrent plus tard dans la Résistance avec une unanimité dont les socialistes de l'époque ne pourraient certes pas se prévaloir. Rose m'assurait que, le dimanche, mon père m'emmenait parfois à la sortie de la grand-messe, des journaux sous le bras, et que je criais aux paroissiens : « Demandez, lisez *l'Aube*, organe du Parti démocrate populaire ! » Je n'en garde aucun souvenir. Le souci de faire carrière à l'extrême gauche m'aura probablement conduit à refouler cet épisode encombrant.

Ils avaient, comme tout le monde, essuyé des tempêtes, mais allaient fêter le vingtième anniversaire de leur mariage quand Alexandre s'était jeté tête baissée dans le piège. La catastrophe qui les arrachait l'un à l'autre devait d'autant plus les accabler qu'ils avaient cessé de l'attendre. Nul doute que l'arrestation d'Alexandre les plongea dans les affres. Mais chaque semaine écoulée renforçait l'évidence du mutisme de ce captif pour qui l'honneur passait par-dessus tout. Il avait été arrêté en juin et c'était en octobre que la Gestapo surgissait avenue de l'Observatoire.

22

À trente-deux ans, l'énergique Yvonne avait repris la barre des réseaux d'Angers et de Nantes en adoptant tout bonnement le pseudonyme de Madame Alexandre. Elle organisait les parachutages, recrutait du monde pour étoffer les groupes de combat, continuait d'assurer les liaisons avec Paris.

La guerre m'ennuie. Je ne pourrais pas écrire une ligne sur la morne boucherie de 14-18, dont Mac Orlan disait qu'elle consistait à faire lutter des hommes de soixante-quinze kilos contre des obus du même poids. Si la Deuxième Guerre mondiale fit encore plus de morts, au moins ses enjeux valaient-ils qu'on leur sacrifiât sa vie. Un jour viendra pourtant, même lointain, où les noms d'Auschwitz et de Treblinka seront lus sans frémissement, érodés par le temps, devenus pierres noires parmi d'autres sur l'interminable chemin de l'inhumanité. Mais il me semble que jamais ne s'épuisera l'intérêt pour cette époque romanesque où l'histoire venait, sans affiches de mobilisation ni roulements de tambour, faire signe à des êtres que rien ne prédisposait à l'extraordinaire, et les précipitait dans des aventures qui, pour le meilleur et pour le pire, les révélaient à eux-mêmes.

Un jour, Yvonne roule en camionnette avec plusieurs camarades et deux aviateurs américains dont l'appareil vient d'être abattu. À la sortie d'un virage, ils tombent sur un barrage allemand. Les passagers de la camionnette doivent descendre pour montrer leurs papiers. Les deux aviateurs baissent la tête : ils sont sans papiers et ne parlent pas un mot de français. « Et eux ? » demande le feldwebel. « Eux ? s'emporte Yvonne, ce sont des réfractaires au service du travail obligatoire. Nous n'admettons pas qu'ils tirent au flanc et nous allons les livrer à la kommandantur de Redon. » Le feldwebel approuve cette bonne Française, mais ordonne de déposer les réfractaires à la toute proche kommandantur de Guémené, où l'un de ses hommes les accompagnera. Yvonne rétorque qu'il ne saurait en être question, car elle a rendez-vous chez son coiffeur à Redon. C'est le genre de détail qui anesthésierait la méfiance d'un feldwebel éveillé. Celui du barrage était assurément imbécile, mais encore fallait-il avoir la présence d'esprit d'inventer à la seconde une explication, et cela ne s'apprend dans aucun stage. Tout démontre qu'Yvonne était plus douée pour le métier qu'Alexandre et beaucoup de ses camarades sortis des écoles. Le jour où elle renoncera à suivre son intuition, sur les instances d'autrui, sera celui de son arrestation.

Angers et Nantes tombèrent à cause de Paris.

L'activité du major Suttill avait comblé le vide existant à Paris l'année précédente. Svelte, blond, paraissant plus jeune que ses trente-deux ans, le regard empreint d'une loyauté qui donnait envie de marcher avec lui, Francis Suttill était né près de Lille d'un père anglais et d'une mère française. Il avait fait une partie de ses études en France, l'autre en Angleterre, et s'était inscrit au barreau de Londres en 1936. Il parlait le français avec un léger accent qui pouvait aisément passer pour belge. Invité à se choisir un pseudonyme avant son départ en mission, il se décida pour Prosper, qui déçut ses recrues françaises par un côté Maurice Chevalier (« Prosper et youp la boum ! ») très éloigné au demeurant de la gravité du major ; en fait, Suttill songeait à Prosper d'Aquitaine, théologien du cinquième siècle fameux pour sa lutte contre les pélagiens. En moins d'un an, il tissa une toile dont les fils s'étendaient de la frontière belge à la Loire et de Compiègne à Falaise. Avec ses centaines d'agents répartis dans plusieurs sous-réseaux, c'était l'une des plus importantes organisations clandestines en France, la plus puissante que le SOE eût jamais mise sur pied ; aussi sa chute brutale devait-elle s'inscrire dans les annales comme l'un des pires désastres essuyés par la Résistance.

Les perdants ont rarement droit à l'équité. Il est écrit partout, y compris dans l'histoire officielle du SOE, que Suttill et son agent de liaison, une séduisante jeune Anglaise, procédaient dans les boîtes de nuit de Pigalle à des démonstrations de maniement de la mitraillette Sten. Comme la clientèle de ces boîtes se composait principalement d'officiers ennemis, d'agents de la Gestapo, de collabos et de trafiquants du marché noir disposés à vendre n'importe quoi à n'importe qui, le lecteur comprend qu'un réseau dirigé par un tel fou devait forcément mal finir. Il s'agissait en vérité du Hot Club de France, dont le nom pouvait évoquer à Londres une boîte de nuit, mais qui rassemblait les passionnés de jazz et dont le président, Hugues Panassié, s'était mis à la disposition de Suttill. L'association avait son siège rue Chaptal, à Montmartre, dans un pavillon isolé de la rue par un immeuble, et c'est dans ce lieu parfaitement sûr que Suttill enseignait à ses recrues le maniement de la Sten.

L'hypertrophie d'une organisation faisant boule de neige comportait un risque fatal, d'autant plus que le processus intégra des réseaux déjà pénétrés par l'ennemi, introduisant du même coup le loup dans la bergerie. La jeune ambition de Suttill, servie par un charisme indéniable, ne contribua pas à freiner une extension qui fut cependant davantage subie que souhaitée, et qui s'explique encore et toujours par la pénurie de George : Alexandre, comme beaucoup d'autres, n'avait eu d'autre choix, pour assurer ses liaisons avec Londres, que de passer par Paris où Suttill disposait de deux excellents pianistes équipés d'une batterie d'émetteurs. Ainsi le réseau parisien devint-il la centrale de transmissions utilisée par des dizaines d'agents.

Une telle situation imposait un respect d'autant plus rigoureux des règles de sécurité, l'isolement draconien des pianistes, un cloisonnement étanche entre l'état-major parisien et les chefs des sous-réseaux. À un recours systématique aux boîtes aux lettres, les officiers du SOE préférèrent la convivialité de rencontres propres à leur réchauffer le cœur. Les pianistes, garçons exubérants, multipliaient les contacts. Suttill laissa l'un d'eux sortir de son rôle en devenant un adjoint de fait ; avec l'agent de liaison, ils formaient un inséparable trio, fréquentaient les mêmes restaurants, allaient aux rendez-vous ensemble, et retrouvaient le soir le deuxième pianiste pour de fiévreuses parties de poker. Ben Cowburn, qui allait entrer dans la légende du SOE avec un record de quatre missions en France, s'épouvanta de ces pratiques : « Encore un club d'agents secrets... » La solitude, croix du clandestin, est aussi son salut : elle entretient chez lui l'anxieuse vigilance de qui s'éprouve isolé dans un monde hostile. À vivre en équipe, les inquiétudes de l'un apaisées par la présence des autres, les gens de Suttill finissaient par ne plus voir l'ennemi.

La Gestapo frappa à Paris à partir de la mi-juin 1943. Les fiefs provinciaux tombèrent en succession rapide. Seuls survécurent les groupes communistes de la banlieue parisienne auxquels Suttill, plus œcuménique que le Prosper théologien, avait accepté de fournir des armes, ce qui, il faut bien le dire, n'était pas la mode à la section française du SOE. Les responsables communistes, rompus à la clandestinité, avaient imposé tant de coupe-circuit que l'ennemi échoua à remonter les filières.

Son réseau décimé, Yvonne se teignit en brune, mit des lunettes, et monta à Paris en août pour tenter de renouer les contacts. Elle sut l'étendue du désastre par l'une de ses correspondantes, miraculeusement épargnée. Cette amie lui donna cependant la nouvelle réconfortante qu'un jeune Anglais récemment parachuté s'efforçait de rebâtir une organisation sur les ruines de celle de Suttill. Il connaissait Alexandre et semblait disposer de moyens considérables. Les deux femmes le rencontrèrent dans un café. Il était sympathique et sûr de lui. On se retrouva le lendemain soir au restaurant et la Gestapo arriva après le dessert. À Ravensbrück, Yvonne aurait loisir de ruminer son regret de ne pas avoir obéi à sa réaction de défiance envers le prétendu Anglais. Au premier rendez-vous, comme il promettait beaucoup, elle lui avait demandé quand Londres se déciderait à lui envoyer un George. Après un silence, l'homme s'était excusé : il avait tant de noms en tête qu'il ne voyait plus qui était le George en question. La crédule amie d'Yvonne avait balayé ses doutes.

Elle fut emmenée au siège parisien de la Gestapo, avenue Foch, écrouée à

Fresnes, puis transférée à Angers. À la Gestapo d'Angers, les interrogatoires avaient lieu la nuit. Le plus difficile fut de revoir Alexandre, défiguré, porté sur un brancard. Il lui murmura : « Tu ne peux pas imaginer ce qu'ils m'ont fait, mais je n'ai rien dit. »

Vers la fin du mois d'août, un gestapiste demanda à Yvonne si elle connaissait ma mère. « Bien sûr, répondit-elle, je lui apportais des colis. » C'était vrai. La pension de famille tenue par Yvonne jouissait d'approvisionnements dont elle nous faisait profiter, de même que les Joulian nous expédiaient des lentilles. « Elle n'est pas dans la Résistance ? s'enquit le gestapiste. – Elle ? Sûrement pas. Il n'y a que le ravitaillement qui l'intéresse. » Mais les pauvres diables interrogés à Angers ne furent pas tous à l'image d'Yvonne.

Au début des années soixante-dix, j'allais deux fois par mois visiter à la centrale de Melun un Allemand de RDA condamné pour espionnage, ce qui me procura une tenace réputation d'agent de l'Est soigneusement entretenue par la DST. Les parents de mon détenu, membres de l'Orchestre rouge, avaient été décapités par les nazis. Le quartier politique de Melun rassemblait alors un détonant mélange d'agents communistes et d'anciens miliciens qui s'étaient fait prendre au terme d'une cavale de deux décennies et plus. Il y avait aussi un homme que sa mère avait caché pendant vingt-cinq ans dans un cagibi sous l'escalier intérieur de son pavillon. Embauché très jeune comme interprète par la Gestapo d'Angers, il avait mis avec entrain la main à la pâte et était devenu le pire tortionnaire de la bande. Ni avant, ni depuis, je n'ai rencontré un être donnant autant que lui envie de vomir. L'ignominie incarnée. Les autres détenus, quel que fût leur camp, lui témoignaient un mépris unanime.

Je sais aujourd'hui qui a donné mes parents. Mais à quoi bon ?

23

Au conseil de famille réuni chez son frère Max, je me demande si ma mère ne cherchait pas, derrière les regards affectueux des siens, la pensée informulée que sa chance avait fait la malchance de mon père. Après tout, c'est elle, et non lui, que la Gestapo venait arrêter ; elle, que le gendarme de Fismes avait appelée à l'aide pour évacuer les aviateurs en détresse ; elle encore, qu'Yvonne rencontrait au café du Luxembourg...

Même sans connaître leurs familles respectives, on pouvait juger mes parents mal assortis. Il était la rigueur ; elle estimait que peu de choses dans la vie ne se prêtaient pas à l'accommodement. Il ne connaissait que la ligne droite quand elle pratiquait les détours. Il ne mentait jamais.

À propos de l'argent, le jour et la nuit. Mon père savait dépenser, comme en témoignaient l'appartement de l'Observatoire et ses voitures d'avant la guerre : Delahaye, Hotchkiss, Delage. Mais il ne supportait pas le gaspillage et étendait loin sa définition. Sortir d'une pièce sans éteindre la lumière, c'était comme si l'on mettait la famille sur la paille. Je restai saisi le jour où il me reprocha avec véhémence d'utiliser trop de papier aux cabinets : comment le savait-il ? Une seule fois dans sa vie, alors qu'il travaillait encore au cabinet paternel, il s'était départi de ses principes en confiant un petit pactole à un escroc qui promettait de le faire fructifier en Bourse. Quand il se sut dépouillé, sa chevelure s'orna dans la nuit d'une grande mèche blanche et il revint, pour n'en plus sortir, à sa morale : l'argent s'obtenait par le travail, mais ne travaillait pas. L'escroc venant de Lorraine, cette province n'avait pas bonne presse à la maison, et je constate en la déplorant la persistance des préjugés enfoncés dans une tête enfantine, puisque j'ai toujours préféré les Alsaciens.

Pour ma mère, l'argent échappait au principe de réalité. Elle se comportait comme si nous disposions au sous-sol d'une planche à billets. Non point qu'elle dépensât follement pour elle-même : son élégance ne devait rien au luxe. Généreuse, elle aimait à faire plaisir. La générosité, c'est aussi du pouvoir. Elle vivait dans les dettes comme un poisson dans l'eau. Régulièrement, un commerçant exaspéré se résignait à venir présenter sa note à mon père abasourdi, et la température familiale chutait pour plusieurs jours.

On pouvait redouter que la conversion, si sincère qu'elle fût, laissât subsister quelques antagonismes politico-culturels. Rien de tel. Même le grand-père anticlérical avait admis en ronchonnant le mariage religieux, la démocratie chrétienne, le baptême des petits-enfants. Les oppositions venaient d'ailleurs. Ma mère avait vécu l'existence nomade d'une fille de professeur. Je ne sais si les enseignants d'aujourd'hui accepteraient d'être trimballés comme le fut mon grand-père : Vesoul, Cherbourg, Aurillac, Aix-en-Provence, Lyon, Mâcon, Chaumont, Lons-le-Saunier, Versailles, avant d'aboutir enfin au lycée Voltaire de Paris. Mais c'est peut-être que son caractère affirmé et une certaine facilité à envoyer ses témoins le conduisaient à garder ses valises à portée de la main. Citadine itinérante, sa fille était de nulle part. Mon père restait anté sur son terroir. Pour le faire enrager, notre mère nous disait que, quand il avait quitté le Lot avec ses parents, le malheureux enfant croyait qu'il fallait un passeport pour entrer en France. À table, tandis qu'elle pignochait, il aimait les nourritures puissantes : tête de veau, pieds de porc, ragoûts longuement mijotés. Aux temps d'abondance, avant les restrictions, quand Rose posait sur la table un civet de lapin décapité, mon père lui lançait parfois un regard si terrible que les invités, sans en comprendre les raisons, ne pouvaient que redouter l'explosion d'une scène fracassante. Mais Rose se penchait à l'oreille de mon père et lui glissait d'une voix pointue : « Dame non ! c'est vous qui l'avez eue la dernière fois. » Il s'agissait de la tête du lapin, qui faisait leurs délices et qu'ils étaient convenus de déguster à tour de rôle. Leurs origines rurales communes cimentaient une alliance tacite entre Rose et mon père. On disait à l'époque un axe. Lors des colloques que nous tenions à la cuisine, ma sœur et moi, pour analyser les crises conjugales, Rose prenait systématiquement le parti de mon père, qu'elle appelait dans ces occasions « ce pauvre garçon ». Elle le voyait comme un être sans malice livré aux maléfices d'une fille de la ville. Ma sœur pense aujourd'hui qu'elle lui vouait une passion secrète. Si c'est vrai, sa vie privée, fort heureusement, n'en fut pas hypothéquée. Elle disposait d'un coquet logement dans le cinquième arrondissement. Lorsque nous avions le privilège d'y être invités, elle évoquait volontiers ses rencontres avec Mistinguett dans les coulisses des Folies-Bergère, ce qui relevait à nos yeux d'un exotisme absolu.

Nous, les enfants, étions toujours stupéfaits quand des amis de la famille laissaient entendre que notre père vivait à l'ombre de la personnalité de sa femme et que celle-ci, pour tout dire, portait la culotte. Nous connaissions mieux la réalité du pouvoir. Ma mère était comme un ministre des Affaires étrangères jouissant d'une large capacité d'initiative, gérant à sa convenance les relations extérieures, mais chapeautée par une Cour des comptes coercitive et flanquée d'un ministre de l'Intérieur à poigne. Jamais l'un ne prit une orientation décisive contre l'avis de l'autre. C'était ma mère que le gendarme appelait, mais mon père qui partait pour Fismes. Ils marchaient en vérité du même pas ; simplement, elle aimait aller au soleil et il préférait l'ombre.

Ils avaient en commun le courage. Ces deux-là, je n'ai jamais pu les imaginer cédant à la peur, courbant l'échine sous la menace, passant même un compromis quand l'essentiel était en jeu. Ma mère, si disposée aux accommodements dans l'ordinaire de la vie, se révélait alors irréductible. Son visage figé perdant toute la vivacité qui en faisait le charme, l'œil soudain bleu acier, elle redevenait « la fille de la liberté ». Je leur garderai jusqu'au bout gratitude de ce privilège incommensurable avec les petits prestiges de la naissance ou la vaine puissance de la richesse : une famille où le courage est banal.

Les oncles et les tantes réunis rue Larrey avaient du bon sens. Max excepté, tous étaient fonctionnaires. Le grand-père, contre les mœurs du temps, avait voulu que ses filles fussent pourvues d'un métier, de manière à assurer leur indépendance. Andrée et Renée avaient si bien réussi qu'elles se situaient, je crois, plus haut que leurs maris dans la hiérarchie. Elles auraient accueilli avec faveur le mouvement féministe, tout en le considérant à juste titre comme superflu pour ce qui les concernait. L'oncle Étienne filait doux. L'oncle Marcel avait plus de relief. Les cheveux bien plaqués sur le crâne de part et d'autre de la raie médiane, la moustache pimpante, il me semblait surgir tout droit de la Belle Époque. Émule du célèbre pétomane, il était d'ailleurs capable, à ses moments d'entrain, de jouer une détonante *Marseillaise*. On n'imaginerait pas un chef de service du ministère de la Marine se livrant aujourd'hui à ces démonstrations.

Ils pensaient bien, mais aucun d'eux ne s'était engagé dans la lutte contre l'ennemi.

Ils dirent en substance à ma mère : « C'est déjà un miracle que vous ne soyez pas arrêtés tous les deux. Prends tes enfants sous le bras et disparais ! »

24

Elle décida d'aller se livrer à la Gestapo.

25

Quand Sartre publia *les Mots*, je fus de ses tout premiers lecteurs, et assurément le plus ridicule, comme un qui plongerait dans *la Recherche* pour en savoir plus long sur l'asthme. Ahuri, je découvris un enfant rose aux boucles blondes dont les siens admiraient la beauté. Il y avait tromperie sur la marchandise. Mon contemporain capital se fichait du monde. Plus de deux cents pages – certes passionnantes –, mais seulement six lignes sur notre affaire : « Je raconterai plus tard quels acides ont rongé les transparences déformantes qui m'enveloppaient, quand et comment j'ai fait l'apprentissage de la violence, découvert ma laideur – qui fut longtemps mon principe négatif, la chaux vive où l'enfant merveilleux s'est dissous... » Il ne l'a jamais raconté.

J'en appris cependant assez pour comprendre que nos cas, si j'ose dire, divergeaient. L'enfant merveilleux allait perdre progressivement l'usage de son œil droit qui, aveugle, se calerait pour toujours dans un angle saugrenu. Affaire classée. Sartre lirait désormais sa laideur dans le regard des autres. C'est une définition de l'enfer. Mon strabisme convergent, a priori moins grotesque, avait de la mobilité. La fatigue l'accentuait. La simple curiosité d'autrui, à plus forte raison son agressivité, faisait déraper mon œil droit vers le coin interne de l'orbite ; tel un animal apeuré, on eût dit qu'il cherchait à s'y enfouir. Et tandis qu'il divaguait de la sorte, je sentais mon corps se dédoubler, comme s'il accompagnait le mouvement. Je devais présenter alors un spectacle divertissant puisque certains professeurs, quand la classe avait été longue et que l'attention se relâchait, me faisaient venir au tableau pour offrir une récréation à mes condisciples.

Mon père me conduisit chez un oculiste à la voix doucereuse qui conclut à la paresse de je ne sais quel muscle conçu pour maintenir l'œil à la bonne place. Quand il s'agissait de combattre une paresse, mon père était à son affaire. Je passai des heures interminables à lire, un bandeau sur l'œil gauche, pour renforcer le muscle défaillant. Caricature des pirates dont les histoires me passionnaient, je finissais par ne plus voir qu'une bouillie de lignes tant mon œil droit, déjà faible, s'exténuait. L'oculiste prescrivait toujours plus de culture physique, et mon œil s'obstinait à se carapater. Les spécialistes tiennent aujourd'hui cette technique volontariste pour aussi efficace que les saignées pratiquées jadis sur les malades souffrant d'une tumeur au cerveau.

Il faut que nous soyons bien oublieux pour faire de l'enfance une source impollue dont coulerait le lait de la tendresse humaine. Ce n'est pas que les adultes soient moins cruels, mais, engagés dans des rapports sociaux complexes, la prudence ou l'intérêt les obligent à modérer l'expression de leur méchanceté. Chez les enfants, nul oripeau pour habiller la nudité du rapport de forces, et pas de quartier pour le plus faible, le plus pauvre ou le plus ridicule.

Sartre s'était longtemps défilé. « Jusqu'à dix ans, je restai seul entre un vieillard et deux femmes. » Autrement dit : un planqué. À dix ans, j'avais déjà blanchi sous le harnois.

Nous étions une famille neuve habitant un appartement neuf dans un immeuble neuf. Né six ans après mon grand-père maternel, André Gide, enfant, ne voyait sur notre côté de l'avenue de l'Observatoire que « baraquements improvisés, échoppes de fripiers, de revendeurs, de loueurs de vélocipèdes ». L'appartement était meublé à la dernière mode Arts déco. Tout, jusqu'au moindre bibelot, avait été acheté par mes parents. Je n'ai pas souvenir d'un seul objet hérité du passé. En France, c'est rare. Quant aux aïeux, ils commençaient et finissaient avec les grands-parents. Nous avions donc rejoint la bourgeoisie sans encore nous y intégrer. Ses habitudes n'étaient pas les nôtres. Point question d'un douillet repli sur soi pour protéger les enfants des contacts imprudents. J'aurais aimé rester dans ma chambre, comme Poulou Sartre, à l'abri des regards. Mais nos parents n'avaient de cesse de nous expédier dans le vaste monde. Trois semaines de camp scout suivies d'un mois de colonie de vacances : tel fut longtemps mon programme estival. Pâques était mis à la même sauce communautaire. Chaque dimanche, je partais arpenter en troupe les routes d'Île-de-France. Les fronts s'en trouvaient multipliés.

La guerre ne s'arrêtait jamais. Lorsque le sommeil assignait enfin à résidence mon œil vagabond, une autre bataille commençait, sur laquelle je n'avais pas de prise, et dont je ne savais qu'en m'éveillant si j'étais le vainqueur ou le vaincu. Mon père décida pourtant que seule la paresse me retenait de me lever la nuit. Les mesures coercitives, telle l'interdiction de boire à partir de cinq heures de l'après-midi, se révélant inefficaces, il voulut stimuler mon énergie par l'aiguillon de la honte. Mes draps pavoisèrent la fenêtre de ma chambre pour l'édification des voisins. Ce n'était pas le genre du quartier, fort peu napolitain. Le matin, je devais descendre lui annoncer, en présence de son collaborateur et de sa secrétaire, si oui ou non. Il montra beaucoup d'inventivité. Comment cet homme intelligent, sensible, ne voyait-il pas que je barbotais dans la honte du matin au soir et du soir au matin ? J'aurais traversé chaque jour Paris à genoux pour assurer ma nuit. À l'extérieur, c'était pire. Les colonies de vacances ne furent jamais jolies. En camp scout, la nuit, j'accueillais avec bonheur le premier crépitement de la pluie sur la toile de tente : c'était la possibilité de me glisser à l'extérieur et de justifier par une étourderie que mon sac de couchage fût trempé au réveil. J'ai eu une jeunesse percluse de rhumatismes quand mon grand âge s'en annonce exempt.

Antinazi, je l'étais pour ainsi dire de naissance. J'ai lu quelque part que, si les protestations des Églises n'avaient stoppé le processus, les jeunes Allemands énurésiques auraient fini par rejoindre dans la chambre à gaz, au motif que leur incontinence les rendait impropres à la vie militaire, les malades incurables, débiles mentaux et autres « déchets humains » dont le régime hitlérien avait entamé l'extermination dès les années trente. Je savais bien qu'avec son culte du corps et de la beauté physique la race des seigneurs ne pouvait que me tenir pour un sous-homme. J'avais une étoile jaune dans l'œil. Cette racaille qui se prétendait supérieure – racaille parce qu'elle se voulait supérieure –, je la haïssais, non pas avec la désolation plaintive des victimes, ni même en contestant ses critères, mais avec la sympathique violence qui ne m'a jamais fait défaut. J'aurais voulu pouvoir l'affronter sur son terrain. En classe, j'écoutais mes camarades s'ébaubir du dressage des jeunes junkers SS, future élite du régime, dont ils trouvaient la description exaltée dans la presse collabo lue par leurs parents. On leur donnait une pelle et ils avaient vingt minutes pour se creuser un trou individuel avant que les chars ne s'ébranlent et broient les retardataires. Ils devaient, au garde-à-vous, poser une grenade dégoupillée sur leur casque d'acier, et attendre l'explosion sans trembler, car si la grenade tombait, ils étaient déchiquetés au lieu d'être simplement hébétés. Je m'étonnais d'entendre mes camarades s'extasier sur ces banalités. Quant à savoir mourir, comme les jeunes nazis en fournissaient chaque jour la démonstration sur le front de l'Est, quoique avec trop de parcimonie pour mon goût, n'était-ce pas la chose la plus simple du monde ? Mourir ne m'aurait pas déplu si j'avais pu tuer.

Telle fut ma misérable jeunesse, calcinée dans cette chaux vive dont parle si bien Sartre, qui a su tout dire en six lignes. Elle me mit hors de moi puisque j'étais tout aux autres, affronté à eux dans l'incessante empoignade à quoi se résume une communauté adolescente. Pas un ami qui ne m'ait fait entendre le chant du coq en se ralliant, dans un moment de veulerie, à la raillerie générale. Les filles me restaient strictement étrangères. Elles vivaient dans un monde à part, au-delà d'une frontière pour laquelle je ne possédais pas de passeport. Plus tard, il m'a semblé que les femmes montraient moins d'entrain à écraser et à humilier. J'ai toujours acquitté au bénéfice du doute l'adolescente qu'elles avaient été. Elles m'inspirent confiance. Avec les hommes, la main toujours posée sur la poignée de la porte de sortie : on connaît l'engeance. Quant à Dieu, j'avais trop à faire avec ses créatures pour lui accorder deux minutes d'attention. Son existence disputée, c'était son problème : les miens me suffisaient. J'étais un enfant de terrain, comme on dit aujourd'hui de certains hommes.

Lorsque le simple passage des ans eut remédié à l'un de mes inconvénients, puis un coup de bistouri à l'autre, je sus que je ne serais plus jamais malheureux, si ce n'est à la mort d'un être aimé. J'avais raison. Adulte, tout me fut jeu d'enfant. Et j'en vois tant traîner jusqu'à la tombe le boulet d'une enfance trop heureuse que je ne regrette rien. La vie sait à l'occasion faire preuve de fantaisie puisque je devins du jour au lendemain – est-ce assez farce ? – plutôt joli garçon. Jamais chenille ne s'étonna davantage de se découvrir papillon dans le regard des autres. Mais je suis depuis l'âge de dix-huit ans un agent opérant sous couverture étanche.

Aujourd'hui encore, que de discussions assommantes pour tenter d'expliquer mon fourvoiement dans la guerre d'Algérie sous l'uniforme bariolé des parachutistes... Mais comment dire l'essentiel ? Avec le « mythe para », une nouvelle race de surhommes prétendait se lever. N'était-il pas urgent qu'un bonhomme qu'ils eussent beaucoup méprisé quelques années plus tôt allât démontrer à ces grotesques que leur prétendue supériorité était à la portée du premier venu ? Et hardi petit ! comme me disait Rose. Avec mes dix-huit ans de retard, j'ai longtemps été imbécile.

Ma mère avait contracté une phlébite en me mettant au monde. Mal soignée, elle en gardait une jambe épaissie. Son seul défaut physique. Elle rappelait si souvent qu'elle me devait cette disgrâce qu'un psychologue eût pronostiqué avec désolation le développement d'un ravageur complexe de culpabilité chez l'enfant innocent. Je ne l'entendais pas ainsi. Elle me signifiait une solidarité. Nous avions à nous pardonner. Elle m'aidait de son mieux, avec des façons furtives de complice. Depuis la maternelle, elle rencontrait en cachette de mon père mes maîtres, maîtresses et professeurs, et leur offrait des cadeaux propitiatoires pour qu'ils me préservent des fauves ; les lampes avaient sa préférence. Elle m'emmenait, toujours clandestinement, chez des guérisseurs plus pittoresques qu'efficaces. Mais je ne la vis jamais s'opposer, elle qui savait pourtant résister, aux brimades les plus rudes de mon père. Je ne lui en voulais pas de sa passivité, pas plus que je ne reprochais à mon père des duretés si contraires à sa nature et au bon sens qu'elles devaient avoir leur raison. Les enfants savent toujours, même s'ils ignorent qu'ils savent.

26

Elle passa la nuit chez son frère Max.

Le lendemain matin, ma sœur, partant pour l'école, les aperçut tous les deux dans les jardins de l'Observatoire. Ils restèrent à l'écart. Puis Max vint à la maison. Il sonna au rez-de-chaussée. Sans doute voulait-il savoir si la Gestapo s'était de nouveau manifestée. Il y avait aussi le cabinet en panne, des urgences à régler avec le collaborateur de mon père, Salomon, qui témoignait d'une fébrilité compréhensible : sa batterie de certificats de baptême improbables risquait de subir à brève échéance un authentique baptême du feu.

D'une fenêtre, je regardai ma mère marcher dans l'allée plantée de marronniers aux troncs couleur de jais. On disait qu'ils devaient leur noirceur au nuage de suie qui avait enténébré le quartier en juin 1940, quand l'armée en déroute avait incendié, juste avant l'arrivée des Allemands, les dépôts d'essence de la banlieue sud. Elle allait et venait d'un pas lent, les mains dans les poches de son manteau. Elle ne regarda pas une fois en direction de la maison. Je connaissais son visage des mauvais jours, mais je ne lui avais encore jamais vu le masque de la tragédie.

J'aimais mon père et ne me résignais pas à sa disparition. Celle de ma mère m'était inconcevable. Je perdrais avec elle mon unique allié. Seul son soutien me maintenait au-dessus de la ligne de flottaison. Depuis le début, nous avions partie liée. Elle m'avait raté et j'avais abîmé sa beauté. Par une coïncidence merveilleuse, c'est parce qu'elle avait tenté, une fois de plus, de me sauver la mise que je lui avais, sans le savoir, sauvé la vie. Un miracle logique. Je ne voulais pas qu'elle le révoquât. J'ignorais alors sa décision, mais ce que je lisais sur son visage n'annonçait rien de bon. Cette femme comme habitée, sur laquelle les promeneurs se retournaient, n'allait pas vers les facilités. Pourquoi n'étions-nous pas déjà dans un train filant vers quelque province ? Je pressentais que des données du problème m'échappaient. J'étais trop jeune, et surtout trop réduit à l'égocentrisme pour comprendre que ce qui se jouait là, c'était la vérité du couple formé par mes parents depuis vingt ans.

Les longues minutes passées à la regarder marcher, mon amour pour elle dévasté par une angoisse stridente, je sais aujourd'hui qu'elles ont été les plus violentes de ma vie.

27

Helmut Knochen, trente-trois ans, standartenführer SS et chef de la police de sécurité en France, résidait au 72, avenue Foch. Ses services occupaient les immeubles jusqu'au numéro 86 ; aussi l'avenue avait-elle été rebaptisée par beaucoup de Parisiens « avenue Boche ».

C'est bien à tort qu'on croit les dictatures enclines à une rigoureuse simplicité dans la construction de leur appareil répressif. Rien de plus byzantin que le système nazi, où s'interpénétraient organes du parti et institutions d'État. Seuls les experts s'y retrouvent. Klaus Barbie, qui en faisait partie à un niveau relativement élevé, commit lui-même des bourdes lors de ses interrogatoires à Lyon. La Gestapo n'était que la section IV du RSHA. Elle occupait, avenue Foch, l'immeuble portant le numéro 84. Mais, pour tous les Français et pour la plupart des Allemands, l'appellation, devenue générique, englobait l'ensemble des services. L'avenue Foch, c'était la Gestapo.

Sauf exception, nul n'imaginait l'inimaginable. Même si l'on se doutait bien que les trains roulant vers l'est ne transportaient pas les juifs vers un avenir enviable, qui aurait pu concevoir l'existence des chambres à gaz ? En revanche, la fin de la guerre n'apprit rien de plus sur la Gestapo. On savait ses méthodes. Pendant leur détention à Limoges, Alexandre et Heslop avaient été interrogés par deux hommes de la Gestapo venus de Paris. Le régime fantoche de Pétain consentait à l'ennemi cette facilité peu compatible avec sa souveraineté affichée. Le seul mot de Gestapo inspirait tant de terreur que Richard Heslop, sachant pourtant que l'entrevue ne pouvait excéder les limites d'un interrogatoire banal, s'y était rendu le cœur battant et l'estomac crispé. Comme la plupart des organisations sérieuses, le SOE demandait à ses officiers de tenir quarante-huit heures ; au-delà de ce délai, que les agents en contact avec le prisonnier devaient mettre à profit pour disparaître, on pouvait composer avec l'inhumanité. Francis Suttill avait ordonné à ses pianistes de jeter aux cabinets la pilule dont Londres les avait dotés. Il répétait à ses gens : « Si vous êtes pris, parlez, gagnez du temps. » Face à la Gestapo, le mutisme absolu paraissait une option intenable. Sage réalisme ! Ceux dont on dit aujourd'hui qu'ils sont morts sans parler, c'est le plus souvent qu'ils ont tu l'essentiel.

Ma mère devait se présenter au 84, avenue Foch, c'est-à-dire à la Gestapo.

Un étroit jardin fermé par une grille bordait les numéros 82, 84 et 86. Une sentinelle placée dans une guérite contrôlait l'accès aux trois immeubles. Elle disposait d'un téléphone relié aux bureaux.

C'est d'une fenêtre du 84 que Pierre Brossolette allait se jeter dans le vide, cinq mois plus tard, pour en finir avec les tortures subies au 86, où plusieurs pièces étaient réservées à cet usage.

Ma mère montrait peu d'inclination pour le rôle de victime. Elle se rendait avenue Foch avec l'intention de gagner, même si les chances de succès paraissaient infimes. Son objectif premier consistait à obtenir la libération de mon père. Pour elle-même, on verrait bien.

Elle disposait de trois atouts.

Le plus mince était son physique de fille de Flandre : une parfaite aryenne. Elle possédait aussi une aptitude déroutante à donner l'impression d'une inaltérable franchise.

Le deuxième tenait à ce qu'elle ne jouait que sa propre vie. Elle n'avait rien à livrer, fût-ce sous la pire contrainte. Pour être précis, elle pouvait donner les

Joulian. Mais les Joulian et leur gigantesque drapeau britannique atteindraient la Libération sans encombres. Les arrestations avaient commencé en juin à Paris, puis s'étaient propagées à Angers avant de revenir la frapper en boomerang quatre mois plus tard. Tous les membres du réseau qu'elle connaissait étaient déjà pris. Cette situation, déplorable en soi, devait lui alléger le cœur.

Le troisième atout, de loin le principal, c'était naturellement l'énorme coup de culot de sa visite avenue Foch. Le siège de la Gestapo s'ouvrait le lundi et le mercredi après-midi aux malheureuses familles s'efforçant de connaître le sort d'un des leurs. Ainsi Laure Moulin viendra-t-elle, quelques jours après ma mère, demander des nouvelles de son frère Jean, et apprendre sa mort des suites des tortures infligées par Barbie. Mais, assez familier des histoires de ce temps, je ne connais aucun autre cas d'un résistant qui, recherché et manqué par la Gestapo, se soit jeté, vêtu de lin blanc et de probité candide, dans la gueule de la bête.

Elle fut reçue par le jeune obersturmführer SS Kurt Stüber. Elle lui dit : « Il paraît que vous me recherchez. Vous avez arrêté mon mari. Je n'y comprends rien. En tout cas, me voilà. » Aurait-elle eu un troisième œil au milieu du front que Stüber ne l'aurait pas regardée avec plus d'étonnement. Il lui parla d'Angers. Elle expliqua qu'elle n'avait jamais mis les pieds dans cette ville, mais qu'elle y connaissait une excellente personne qui, moyennant finances, l'aidait à nourrir sa famille. Elle le faisait en cachette de son mari, car celui-ci réprouvait le marché noir. Son arrestation constituait donc une injustice manifeste. Le téléphone sonna. Stüber décrocha le combiné. La conversation, tenue en français, illumina la face de l'obersturmführer. Ma mère comprit qu'une Française qui lui avait longtemps dit non acceptait de revoir ses positions. Il l'invita à dîner le soir même chez Maxim's. Les conversations de ce style étaient fréquentes à la Gestapo. Laure Moulin, revenue demander l'urne contenant les cendres de son frère, devrait subir deux coups de téléphone du même genre. Lorsque Stüber eut raccroché, il regarda ma mère comme un homme redescendu de son petit nuage. « Bon, très bien, dit-il, vous pouvez rentrer chez vous. Mais je vous interdis de quitter Paris. – Et mon mari ? – Je vais le faire libérer. »

Ma mère se leva et sortit. L'entretien n'avait pas duré un quart d'heure.

28

Conduite avenue Foch après son dîner avec le surprenant Anglais qui ignorait ce qu'était un George, Yvonne s'attendait à être fusillée à bref délai. Curieusement, son anxiété se fixa sur le déclic que feraient les fusils quand les soldats du peloton les armeraient. Elle acceptait de mourir, mais ce déclic la terrorisait. Elle s'entraîna, par une crispation adéquate des mâchoires, à réduire ses facultés auditives pour ne pas l'entendre. Bien entendu, son exécution serait précédée des tortures habituelles à la Gestapo.

Au 84, elle fut mise en présence d'un officier qui lui exprima courtoisement sa satisfaction de l'avoir en face de lui : « Nous vous attendions depuis des mois. » Il ajouta, avant de sortir du bureau, qu'elle allait rencontrer quelqu'un qui la mettrait au courant de la situation. Un homme entra, jeune, mince, le regard vif, très à l'aise. Des deux pianistes anglais de Suttill, c'était celui qui était devenu son adjoint. Il se présenta à Yvonne et lui dit : « Madame Alexandre, nous sommes tous arrêtés. C'est fini. Mais nous avons passé un pacte avec les Allemands. Si nous leur livrons les armes, personne ne sera fusillé. Je vous demande donc d'indiquer où sont vos caches. Si vous vous entêtiez à refuser, vous risqueriez de faire exécuter vos camarades. Et cela ne servirait à rien, car, comme vous allez très vite le constater, les Allemands savent absolument tout. » Interloquée, Yvonne murmura : « Vous me faites mal au cœur. » L'homme insista : « Madame Alexandre, il faut donner les armes. » Il sortit. L'officier de la Gestapo rentra dans le bureau, porteur d'un épais dossier sur lequel était écrit : « Alexandre – Edward Mountford Wilkinson, officier de la RAF ». Il le posa devant Yvonne en lui disant : « Je vous laisse consulter cela à loisir. » Et il ressortit de la pièce.

Restée seule, Yvonne ouvrit le dossier. Il était bourré de photocopies. Stupéfaite, elle reconnut le courrier qu'elle avait remis au réseau parisien pour acheminement à Londres par Lysander. Les rapports d'activité et les notes de renseignement qu'elle avait elle-même dactylographiés pendant des nuits entières, les photos des objectifs repérés par Alexandre dans le port de Nantes pour d'éventuels sabotages, les noms authentiques de résistants d'Angers et de Nantes : tout était là, étalé sous ses yeux... L'adjoint de Suttill avait raison : les Allemands savaient tout.

L'officier de la Gestapo rentra dans le bureau. « C'est peut-être vous, madame Alexandre, qui avez tapé ces documents à la machine ?... » Elle en convint. L'autre lui demanda où étaient cachées les armes. Elle savait où étaient celles d'Angers, mais ignorait l'emplacement des caches de Nantes. Elle affirma ne rien savoir. Après un séjour de quelques heures dans une cellule du dernier étage, on la conduisit à la prison de Fresnes. Une semaine plus tard, elle était transférée à Angers sans que la Gestapo de l'avenue Foch eût jugé expédient de l'interroger une seconde fois. On ne l'avait pas touchée, sinon pour la fouiller.

Le sturmbannführer SS Josef Kieffer ne pratiquait pas la torture.

J'écris cette phrase comme on se jette à l'eau. Robert Sheppard, le malchanceux agent du SOE parachuté sur la maison voisine d'une gendarmerie, m'avait scruté, comme pour me jauger, avant de me dire : « Vous savez, j'évite d'en parler tellement ça paraît incroyable, mais ce type s'est parfaitement bien comporté avec moi. J'ai été interrogé, non pas avenue Foch, mais dans une maison réquisitionnée par la Gestapo dans le bois de Boulogne, près de Roland-Garros. Un interrogatoire des plus civilisés. Après, dans la voiture, il était assis à côté du chauffeur. Il a ouvert un paquet contenant un sandwich. Il l'a rompu en deux et m'en a tendu une moitié en me disant : "Allez-y, il est bon, c'est ma fille qui l'a préparé." Comment voulez-vous raconter ça aux gens ? »

Encore faut-il nuancer le trait. Kieffer était chef adjoint de la Gestapo à Paris. À ce titre, il porte la responsabilité, au moins nominale, des tortures infligées à des dizaines d'agents alliés et de résistants dans les locaux du 86. Mais lui-même se consacrait entièrement à la direction de la sous-section IV E, chargée du contre-espionnage. Deux cas demeurent litigieux. On dit qu'il força Francis Suttill à rester debout trois jours et trois nuits sans dormir ni manger, et que le major eut un bras cassé au cours de son interrogatoire. C'est une rumeur que n'étaie aucun témoignage direct. On voit mal, au demeurant, comment un homme pourrait rester soixante-douze heures debout sans sombrer dans ces évanouissements miséricordieux qui perturbent un interrogatoire. D'autre part, Alexandre dit à Yvonne qu'il avait été torturé à Paris, sans préciser si c'était avenue Foch. Comme on ne sait qui l'arrêta, la responsabilité d'une autre officine demeure plausible, au moins pour les premières heures, car Kieffer ne pouvait manquer de réclamer le prisonnier. Si Alexandre fut véritablement torturé alors qu'il se trouvait entre ses mains, il constitue l'exception parmi les dizaines d'agents britanniques passés par la sous-section IV E sans subir la moindre brutalité. Que l'on me démontre le contraire, et je m'inclinerai volontiers devant l'évidence.

Après la Libération, les services français, que l'époque n'inclinait pas encore à la mansuétude, notèrent les membres de la Gestapo ayant servi en France. Les termes bizarroïdes employés pour qualifier Kieffer indiquent sa différence : « Sévère mais juste et correct. » L'information m'est communiquée par l'historien Jacques Delarue, grand expert en la matière. Il commente : « Chaque membre de la Gestapo avait évidemment la possibilité de torturer, mais personne n'y était obligé. Tout dépendait des hommes. Rue des Saussaies comme avenue Foch, on subissait le pire, ou au contraire un interrogatoire normal, selon qu'on était amené à tel bureau plutôt qu'à tel autre, pourtant contigu. »

Plus fonctionnaire que militant, Josef Kieffer était un SS de hasard. Policier professionnel, il avait longtemps exercé ses fonctions à Karlsruhe, dans le pays de Bade. Le métier ne prédispose pas à la croyance en une race supérieure : on en voit trop pour ne pas nourrir un solide scepticisme sur l'espèce humaine. Il endossa l'uniforme SS quand Himmler versa en bloc la police criminelle allemande dans la SS. On l'envoya à Paris dès l'été 1940 ; il ne devait plus en bouger pendant quatre ans. Il avait alors quarante ans.

De taille moyenne, le visage insipide, le regard triste derrière des lunettes rondes, vêtu le plus souvent d'un costume civil aux coudes luisants, Josef Kieffer était l'un de ces hommes gris faits pour les locaux de police ; aussi détonait-il avenue Foch. Le quatrième étage du 84 était son domaine. On y accédait par un majestueux escalier de marbre débouchant sur une antichambre meublée de fauteuils Louis XV. Son vaste bureau à moquette mauve ouvrait par deux fenêtres sur l'avenue Foch. Il disposait au même étage d'un modeste appartement composé d'une chambre sur cour, d'une cuisine et d'une salle de bains. Contrairement à la plupart de ses subordonnés, aux activités sexuelles débordantes, il se bornait sagement à coucher avec sa secrétaire.

Dépourvu de brillant, Kieffer n'était point sot ; il comprit vite que le contre-espionnage exigeait des qualités sans rapport avec le fanatisme tenu par les SS pour vertu nécessaire et suffisante. Il eut donc l'audace, rare chez un fonctionnaire, d'accorder sa confiance à deux de ses hommes qui occupaient dans l'équipe le rang très subalterne d'interprètes. L'un, Josef Götz, docteur en philosophie, ancien professeur, parlait couramment l'anglais et le français. Il n'avait accepté son affectation à la Gestapo, en novembre 1942, que sous la menace d'une mutation dans une unité disciplinaire. Érotomane, il fréquentait avec enthousiasme le One Two Two, bordel le plus fameux du Paris de l'Occupation. Il allait se révéler l'un des meilleurs experts du « jeu radio », c'est-à-dire de l'intoxication de l'adversaire par l'intermédiaire de ses émetteurs capturés. L'autre homme de confiance de Kieffer était le jeune Ernst Vögt. Né de père allemand et de mère suisse, il avait passé en France les quatorze années précédant la guerre, de sorte qu'il était indemne de tout endoctrinement nazi. L'arrivée de l'armée allemande le fit sortir de son camp d'internement et il fut recruté par la Gestapo en qualité d'interprète, sans figurer pour autant dans l'organigramme et dépourvu de tout grade dans la SS. Il admirait Picasso et Dali, adorait le jazz et se passionnait pour les surréalistes – en somme, tout ce que les hitlériens appelaient « l'art dégénéré ».

Kieffer, Götz, Vögt : aucun n'était nazi de conviction. Leur patriotisme ne les aveuglait pas : dès 1943, on évoquait ouvertement, à la sous-section IV E, la possibilité d'une défaite allemande. Nulle haine antisémite chez eux : lorsqu'une enquête débusquait par hasard quelque juif dans sa cachette, Kieffer tranchait : « Qu'il aille se faire pendre ailleurs... » Mais le jeu était passionnant et la vie à Paris plus belle que sur le front de l'Est. Le trio mena une guerre acharnée, subtile, où la psychologie jouait le rôle essentiel.

Un atout maître le dispensait d'avoir recours à la torture : l'officier du SOE chargé des opérations aériennes transmettait à la Gestapo une partie substantielle du courrier des réseaux Prosper. Les documents étaient photographiés avant de lui être rendus pour expédition à Londres par l'« escadrille de la lune ».

Amenée avenue Foch après dix heures du soir, Yvonne avait été privée du spectacle mis en scène pendant les heures ouvrables. Assis derrière une table dans la salle du poste de garde, un joli garçon à la fine moustache accueillait les arrivants par un mot de réconfort. Il reportait sur de grandes feuilles de papier Canson l'organigramme des réseaux du SOE. C'était un officier britannique capturé dans le Jura. Comme tous les prisonniers détenus à demeure par Kieffer, il bénéficiait de l'excellente nourriture de la maison, avec beurre, œufs et viande en abondance, et pouvait emprunter des livres à la bibliothèque. Il entretenait des liens affectueux avec une secrétaire du service, assez belle fille malgré sa tête un peu chevaline, dont le mari allait se faire tuer quelques jours après l'arrestation d'Yvonne par un résistant français du SOE. La vue de cet homme aimable, bien dans sa peau, appliqué à son travail, ressuscitait chez les arrivants une violente espérance : n'y aurait-il pas une vie après l'arrestation ? Puis venaient la rencontre avec l'adjoint de Suttill et la confrontation avec le courrier.

L'adjoint de Suttill jouissait parmi ses compatriotes d'une réputation d'audace et de courage. Pour les Français, il était auréolé de tous les prestiges. Rien de plus bouleversant que de le voir échanger une cordiale poignée de main avec Kieffer, lorsque celui-ci assistait à l'entrevue, et de l'entendre évoquer le pacte avec la Gestapo sur le ton d'un directeur annonçant aujourd'hui une fusion d'entreprises sans conséquences fâcheuses pour le personnel à condition que chacun se montre raisonnable. Si cet homme-là conseillait de céder, pourquoi courir aux supplices ?

Le choc du courrier était encore plus ravageur. Suttill et son adjoint s'en trouvèrent les premiers démoralisés. À l'inverse des hommes du renseignement, beaucoup d'officiers du SOE n'avaient point intégré la notion de trahison. Braves et loyaux, intraitables sur l'honneur, ils étaient prêts, tels des saint Michel, à affronter tous les dragons, mais non pas la piqûre de la vipère intestine. Aussi obtinrent-ils leurs plus beaux succès à la tête des maquis, dans un combat ouvert. De même l'adjoint de Suttill et le dessinateur d'organigrammes allaient-ils tenter une audacieuse évasion de l'avenue Foch, malheureusement avortée. Leur entraînement les avait davantage préparés à l'affrontement physique qu'aux embrouillaminis de la lutte clandestine. La révélation que l'ennemi lisait leur courrier devait les désespérer.

On savait les messages transmis par radio susceptibles d'être interceptés et décryptés, tandis que le courrier, qui ne quittait pas des mains fraternelles, semblait si sûr qu'on lui confiait souvent noms et adresses en clair. Habilement, Vögt et Götz insinuèrent que la Gestapo disposait d'un agent à Londres. Ils y furent aidés par les déclarations de certains prisonniers britanniques qui, pour gagner du temps et préserver l'essentiel, jugèrent habile de raconter leur période de formation, les manoirs où elles s'étaient déroulées, des anecdotes de stage sans conséquence, puisque les intéressés se trouvaient hors de portée. Mais ces détails, évoqués par Vögt et Götz devant d'autres détenus, ne pouvaient qu'enraciner une conviction destructrice qui eut tôt fait de gagner presque tous les prisonniers : la Gestapo avait infiltré une taupe au quartier général du SOE. Même un agent de renseignement rompu à toute les roueries résiste mal à une telle perspective.

La princesse indienne Noor Inayat Khan avait vingt-neuf ans en 1943. Gracile, des yeux de biche apeurée, la voix si faible qu'on l'entendait à peine, elle avait vécu jusqu'à la guerre à l'ombre de sa mère, jouant de la harpe, écrivant des contes de fées et étudiant les mystiques orientaux : la recrue la plus étrange pour un service tel que le SOE. Ses instructeurs, épouvantés, insistèrent pour qu'elle ne parte pas en mission. Buckmaster passa outre, comme pour Rake, et pour la même raison : elle se débrouillait bien avec son émetteur. Un léger accent anglais, une peau foncée, presque olivâtre, la flamboyante teinture rousse de ses cheveux n'amélioraient pas ses chances de survie sur le terrain. Déposée en France par Lysander au beau milieu de l'écroulement de la maison Prosper, et après avoir plongé dans les transes les Français travaillant à son contact, elle se fit prendre avec un cahier d'écolier sur lequel elle notait scrupuleusement les messages reçus de Londres et ceux qu'elle émettait. Les instructeurs serinaient cette évidence qu'un pianiste ne devait conserver aucune trace de ses communications avec Londres. Le cahier livrait, par sa simple lecture, non seulement le code de la princesse, mais aussi son *security-check*, c'est-à-dire le groupe de chiffres dont la présence dans les messages garantissait à Londres qu'elle n'émettait pas sous la contrainte après une arrestation.

Avenue Foch, on lui montra la copie d'une longue lettre qu'elle avait adressée à sa mère par la voie du courrier aérien. Comme les autres, elle en fut bouleversée. Mais elle ne livra rien ni personne. En vérité, un radio n'avait guère à donner, sinon son code et son *security-check*, et le cahier d'écolier avait parlé pour la princesse. Le soir, quand le personnel avait déserté les bureaux, Ernst Vögt aimait à lui faire raconter sa vie d'autrefois. Elle n'y voyait aucun inconvénient, puisque cela ne pouvait nuire au service. Son existence n'avait pas été banale, avec une naissance le 1er janvier 1914 au Kremlin et une jeunesse vagabonde en compagnie de parents hors du commun. Or Londres, inquiet sur son sort, redoutant une arrestation et un retournement de son émetteur, avait posé des questions d'ordre biographique auxquelles seule la princesse pouvait répondre. Les conversations détendues avec Vögt fournissaient les réponses. À quoi bon la torture ?

Puisque l'ennemi savait tout, Francis Suttill décida qu'il ne restait plus qu'à tenter de sauver les vies. Le pacte, matérialisé par un document émanant du RSHA de Berlin, garantissait que personne ne serait fusillé si les armes étaient livrées. Sauf rares exceptions, elles le furent, et aucun prisonnier ne fut exécuté, au moins pendant neuf mois. Les arrestations se chiffrèrent par centaines, surtout en province où les antennes régionales de la Gestapo s'en donnèrent à cœur joie. Et les émetteurs retournés, habilement manipulés par Götz, faisaient pleuvoir sur la France agents et conteneurs qu'attendait au sol un comité de réception de la Gestapo.

Hitler avait été prévenu dans l'heure de l'arrestation de Suttill. Il se convainquit que le coup magistral porté au SOE avait contraint les Alliés à annuler un débarquement prévu pour septembre sur les côtes de France. Kieffer et son équipe reçurent ses félicitations.

La chance de mes parents résidait dans le calendrier : ils entraient en scène quand la pièce était déjà jouée. Au plus fort du coup de filet, les hommes de Kieffer, sûrs de leur triomphe, débordés par sa dimension, se concentraient sur les grosses prises en négligeant le menu fretin. Appartenir au menu fretin, c'était, par exemple, abriter chez soi un émetteur – crime qui, en d'autres temps, valait les pires sanctions. Beaucoup de ceux qui avaient été arrêtés dans le premier mouvement furent libérés les semaines suivantes. Quatre mois après, l'empire Prosper en miettes et la sous-section IV E repue, l'apparition de ma mère avenue Foch ne faisait événement que par son caractère volontaire.

Le dilettantisme des deux gestapistes venus à la maison le laissait assez prévoir. Pas la moindre esquisse de perquisition. Visite des lieux rapide et sommaire, parfaitement désinvolte : il eût suffi à ma mère de s'enfermer dans un placard, ou de se blottir derrière un meuble, pour échapper à des regards si peu curieux ; le sous-sol et la cave ne furent même pas visités. Indifférence pour le garçon étendu sur son lit, un chat sur le ventre, alors qu'il eût été bien simple de lui demander où était sa mère, quand il l'avait vue pour la dernière fois et s'il savait quand elle allait revenir – j'ai compris après coup que le visage blême de mon père me criait son angoisse de m'entendre répondre à l'inévitable question. Même indifférence pour la concierge, qui venait de voir ma mère passer et repasser devant sa porte vitrée.

Aucune souricière installée pour cueillir la suspecte à son retour au logis. Mon père emmené tout droit à Fresnes, sans même un détour par l'avenue Foch pour un interrogatoire un peu approfondi. Angers avait envoyé une note désignant ma mère ; Paris faisait le strict minimum pour contenter Angers. Routine administrative. L'appétit n'y était pas.

Le père d'un de mes amis juifs fut assassiné dans un petit camp nazi dont le nom n'est pas passé à la postérité ; sa veuve racontait partout qu'il était mort à Auschwitz « parce que, disait mon ami, ça faisait plus chic ». Ma mère nous dit à son retour qu'elle avait été reçue par un von Stüber. Kurt Stüber n'appartenait certes pas à cette aristocratie prussienne que mon grand-père maternel vilipenda jusqu'à son dernier jour. Un terne fonctionnaire de la SS. Il travailla jusqu'au début de 1943 au service central du personnel du RSHA, à Berlin, puis fut affecté au sein de la Gestapo de Paris à la lutte contre les francs-maçons. Ce qui m'étonne toujours, chez les nazis, c'est qu'ils aient cru sincèrement à leurs niaiseries. Alors que la guerre flambait et que le Reich luttait pour sa survie, la menace franc-maçonne en France justifiait à leurs yeux qu'on détachât contre elle un jeune gaillard dont l'envoi sur le front de l'Est eût paru plus raisonnable. Sans doute sa croisade laissait-elle à Stüber le loisir de donner un coup de main à ses collègues débordés du 84, où il avait son bureau, mais je n'ai pas une seule fois trouvé son nom mêlé aux affaires du SOE. Qu'il ait été désigné pour la recevoir confirme le peu d'importance qu'on accordait à ma mère. Il connaissait cependant assez les habitudes de la maison pour apprécier à sa juste valeur la grande première dont il était le spectateur abasourdi : une personne recherchée par la Gestapo venant obligeamment tirer sa sonnette. Par son audacieux coup de dés, ma mère achevait de se poser en quantité négligeable.

Au fond, c'est mon grand-père qui aurait dû avoir affaire à Stüber, puisqu'il vivait dans la maison d'un dignitaire de la franc-maçonnerie. Encore une occasion manquée d'accéder au poteau prussien.

29

Avant d'en terminer, un mot à la gloire de la grande Angleterre.

Le triomphe consenti à la Gestapo en 1943 n'était qu'un leurre destiné à préparer sa défaite de 1944.

À Londres comme à Berlin, on comprit assez vite que la bataille décisive de la guerre en Europe serait le débarquement. Pour Hitler, une échéance vitale. Un succès sur les côtes lui permettrait de transférer à l'Est des dizaines de divisions stationnées à l'Ouest et de bloquer ainsi le rouleau compresseur soviétique. La victoire totale resterait sans doute hors de portée, mais une paix de compromis deviendrait envisageable, qui lui laisserait une partie de ses conquêtes. Pour gagner, il fallait rejeter les assaillants à la mer dans les quinze premiers jours de l'opération, avant qu'ils aient eu le temps de déployer leur énorme supériorité en hommes et en matériel. La rapidité de la contre-offensive impliquait de connaître à l'avance le lieu et la date du débarquement, de manière à masser les troupes, notamment les divisions blindées, à bonne distance d'intervention. On pouvait compter que les Alliés veilleraient farouchement à préserver le secret. Mais il leur faudrait bien le délivrer à la Résistance quelques jours à l'avance s'ils voulaient bénéficier de son concours. Et puisque Londres envoyait en France des officiers avec mission d'encadrer l'armée secrète pour la lancer dans la bataille du jour J, ne suffisait-il pas d'infiltrer leurs réseaux, voire de les contrôler, pour connaître le sens des messages codés que la BBC diffuserait avant le débarquement afin de placer les clandestins en état d'alerte ? La Résistance, dont les Alliés prétendaient faire l'un de leurs atouts, deviendrait l'instrument de leur défaite.

Le sturmbannführer SS Karl Boemelburg, chef de la Gestapo en France, était un nazi authentique : membre du parti depuis 1931 et officier SS après un bref passage chez les SA. Homosexuel, alcoolique, malin et dénué de scrupules, il s'était voué en 1941 et 1942 à la destruction de l'Orchestre rouge par les méthodes implacables que l'on sait. Mes parents eussent-ils appartenu au réseau de Trepper que les deux gestapistes venus à la maison m'auraient collé le canon d'un revolver sur la tempe en menaçant mon père de me tuer sous ses yeux s'il s'obstinait dans ses mascarades de mari cocu : on usait beaucoup du procédé avec les gens de l'Orchestre. Mais nous n'étions ni juifs ni communistes, et les gestapistes de Kieffer ne ressemblaient pas à ceux du kommando Orchestre rouge. À partir de 1943, Boemelburg se consacra à la découverte du « grand secret » en équipe avec son adjoint direct,

Kieffer, engagé de longue date dans la lutte contre les réseaux du SOE. La trahison de l'officier en charge des opérations aériennes leur garantissait le succès.

De tous les responsables successifs de l'Intelligence Service, pour reprendre l'expression commune, son directeur exécutif des années de guerre, Claude Dansey, fut probablement le plus amoral, si le mot conserve un sens dans le métier, au point que beaucoup de ses admirateurs eux-mêmes ne pouvaient se déprendre d'un sentiment de répulsion face à un pareil cynisme. Si l'enfer existe, sir Claude est en train d'y rôtir, épargné par le remords et méditant quelque manigance pour intoxiquer Lucifer. Ses qualités et surtout ses vices portèrent le service à son suprême accomplissement. On dit aujourd'hui que la chute suivit de près l'apogée ; et l'on se trompe, car, lorsque les vaines passions seront apaisées, nul doute que l'histoire restituera au génie britannique pour le renseignement une bonne part des performances accomplies par Kim Philby et ses camarades de Cambridge.

Dansey exécrait les communistes, haïssait les Français, méprisait les Américains et se méfiait des femmes. Il n'aimait pas le SOE. Il lui portait l'antipathie banale d'un patron de service pour la concurrence. Il s'exaspérait de la gêne que ces trublions amateurs apportaient à ses propres opérations. Comme Denis Rake, un chef de service de renseignement est allergique aux détonations : elles mettent l'ennemi aux cent coups et entretiennent sa vigilance. Il ne croyait pas à l'efficacité du SOE, répétant à qui voulait l'entendre cette vérité profonde : « Ce n'est pas le sabotage qui gagnera la guerre : c'est le renseignement. » Il détestait enfin son personnel, parce qu'on ne peut aimer chez les autres des vertus dont on est soi-même dépourvu par nature ou par nécessité. Mais il sut utiliser pour la bonne cause ces exaspérants chevaliers sans peur et sans reproche qui partaient affronter l'ennemi avec leur honneur en bandoulière.

Henri Déricourt était son homme. Ancien pilote d'Air France, amateur de femmes, aimant l'argent, jouisseur, avec le goût de l'aventure pour supplément d'âme, Déricourt avait fricoté avant la guerre avec des agents secrets, ripaillant notamment en compagnie de Boemelburg, membre éminent de ce qu'on appelait alors en France la Cinquième Colonne. Il partit pour Londres en 1942 et fut recruté par le SOE. Sa profession le désignait pour les opérations aériennes : il savait mieux qu'un autre la difficulté de faire atterrir un appareil, de nuit, sur une simple prairie. Il réussit brillamment, assurant sans encombres des dizaines d'opérations. Parallèlement, il livrait à Boemelburg, avec lequel il avait repris contact, et moyennant finances, le courrier des réseaux. Boemelburg et Kieffer croyaient tenir en lui l'instrument privilégié qui leur permettrait de découvrir à temps le secret du jour J. Grâce à lui, l'Intelligence Service se savait en mesure de tromper l'adversaire. Dansey ne pourrait pas empêcher cet adversaire d'accéder, à travers maints réseaux étrangers au SOE, et tout autant pénétrés que Prosper, à un certain nombre de messages authentiques, mais il lui inoculerait une dose suffisante de mensonge pour polluer la vérité. Bien entendu, les chefs du SOE ignoraient le recrutement de Déricourt par l'Intelligence Service.

Contrairement à ce que continuent de penser beaucoup de survivants français, les réseaux Prosper ne furent pas délibérément donnés à l'ennemi. La livraison du courrier, si elle facilita leur chute et démoralisa les captifs, ne peut pas être tenue pour seule responsable du désastre. La Gestapo remontait jusqu'à leur tête par tant de filières que Francis Suttill et ses camarades étaient condamnés. Puisque le bateau faisait eau de toutes parts, Dansey décida de tirer parti du naufrage.

Au printemps 1943, les services alliés mirent au point l'opération Starkey. Elle consistait à faire croire aux Allemands qu'un débarquement aurait lieu en septembre de la même année sur les côtes de France. Militairement, la manœuvre visait à clouer les divisions allemandes sur les rivages de l'Ouest tandis que les Alliés envahiraient l'Italie. Pour Dansey, elle visait à faire comprendre à ses antagonistes que la Résistance, sur laquelle ils comptaient tant pour découvrir le grand secret, n'était pas une Pythie fiable.

En mai, Francis Suttill fut convoqué à Londres. À l'insu de ses chefs du SOE, il fut reçu par Churchill en personne. Winston Churchill professait qu'« à la guerre, la vérité doit avoir une escorte de mensonges ». Sa coopération dynamique ne fit jamais défaut à Dansey. Le Premier ministre révéla au jeune major le secret que tant de services s'ingéniaient à protéger ou à découvrir : le débarquement aurait lieu dans le Pas-de-Calais pendant la première semaine de septembre 1943.

Suttill devait mobiliser ses troupes sans plus se soucier de sécurité. Il aurait les armes nécessaires. Déjà, les parachutages avaient doublé de mars à avril, doublé encore d'avril à mai ; ils feraient plus que doubler de mai à juin. L'heure de l'offensive générale avait sonné.

Bien loin de ressentir une compréhensible exaltation à se voir choisi pour être le confident d'une information historique, Francis Suttill s'en trouva accablé. À son retour en France, ses camarades le virent « vieilli de dix ans », plongé dans une noire dépression ; il semblait « traîner la mort derrière lui ». Le pauvre diable, sachant ses réseaux pénétrés, ne croyait pas pouvoir tenir jusqu'en septembre... Maints indices lui donnaient déjà à penser que l'ennemi disposait d'un agent à Londres, au cœur du SOE. Il ne se trompait que sur la localisation : l'agent était à ses côtés.

Kieffer sut par Suttill et son adjoint, puis par beaucoup d'autres, que le débarquement aurait lieu en septembre dans le Pas-de-Calais. Le courrier en avait appris assez au sturmbannführer pour qu'il n'ait plus besoin que d'une confirmation. Tout de même, il fallait que ces hommes loyaux et courageux fussent bien désespérés pour livrer un secret dont, croyaient-ils, le sort de la guerre pouvait dépendre.

Starkey fut un échec. On n'avait pourtant pas lésiné sur les moyens. Churchill lui-même joua sa partition en déclarant que la libération de l'Europe commencerait « avant la chute des feuilles ». La BBC et la presse écrite annoncèrent sans ambages un débarquement imminent. Une flotte fut rassemblée dans les ports anglais, face au Pas-de-Calais, tandis que les troupes affluaient dans les camps installés au bord de la côte. Von Rundstedt, chef des armées allemandes à l'Ouest, ne broncha pas. Vieux et sage, il jugeait impensable un débarquement en France alors que le centre de gravité des forces alliées se situait en Méditerranée, avec l'Italie pour objectif. Entre mars et décembre 1943, sur les trente-six divisions allemandes stationnées à l'Ouest, vingt-sept furent affectées à d'autres fronts et partiellement relevées par des troupes en grand besoin de se refaire, tant l'Armée rouge les avait étrillées.

Starkey fut un succès, car il ruina la confiance de l'état-major de la Wehrmacht dans ses services de renseignements : ils avaient donné dans le panneau et réclamé à cor et à cri des mesures défensives. Aujourd'hui encore, certains s'étonnent de l'aveuglement de l'ennemi, en juin 1944, alors qu'il avait en sa possession nombre de messages, dont les fameux vers de Verlaine, annonçant le débarquement : Dansey lui avait instillé un scepticisme mortel. Götz, interrogé après la guerre, révéla que son rapport du 5 juin 1944 avertissant l'état-major de l'imminence du débarquement n'avait pas été ouvert avant la matinée du 6.

Francis Suttill et ses camarades ne sont pas morts pour rien.

Kurt Stüber fut grièvement blessé pendant les combats de l'été 1944 et fait prisonnier. J'ai échoué à découvrir s'il avait survécu à ses blessures. Götz et Vögt, jugés par un tribunal militaire français, furent acquittés : aucun « dépassement », comme on dit aujourd'hui, ne pouvait leur être reproché.

Josef Kieffer fut pendu par les Anglais.

Il s'était pourtant efforcé de faire respecter le pacte. Aussi longtemps qu'il en avait eu le pouvoir, personne n'avait été exécuté. Il fit même incarcérer à la prison de Karlsruhe huit femmes du SOE tombées entre ses mains. Il avait été commissaire de police dans cette ville, sa famille continuait d'y habiter et il y gardait d'utiles relations. Dans cette insignifiante prison civile, les huit prisonnières auraient probablement attendu en sécurité l'arrivée des troupes alliées si la directrice des lieux ne s'était inquiétée, en bonne bureaucrate, de détenir des femmes qui n'avaient pas été condamnées. Elle demanda des instructions à Berlin. Quatre des prisonnières furent mises à mort par injection de poison au camp de Natzwiller ; les quatre autres, dont la princesse Noor Inayat Khan, furent transférées à Dachau et, à genoux et main dans la main, tuées d'une balle dans la nuque.

Kieffer fut pendu pour avoir fait fusiller une douzaine de parachutistes britanniques du Special Air Service (SAS) pris alors qu'ils opéraient derrière les lignes allemandes, en juillet 1944, juste avant la rupture du front de Normandie. Le problème remontait loin. En 1942, un commando opérant un raid sur le continent avait capturé un soldat allemand. Les hommes du commando lui lièrent les mains – procédure prohibée par les conventions de Genève – pour le ramener plus commodément à leur embarcation. L'homme tenta de s'évader et fut tué d'une rafale dans le dos. En découvrant son cadavre, ses camarades conclurent assez naturellement qu'il avait été abattu de sang-froid. Hitler, qui menait à l'Est une guerre de sauvage, se piquait en revanche de respecter les règles à l'Ouest. Furieux de l'incident, il ordonna de passer par les armes les soldats britanniques capturés derrière les lignes allemandes. Rommel avait réussi à sauver deux hommes des commandos en les escamotant. Mais Kieffer n'était pas le feldmarschall Rommel ; en 1944, il n'était même plus le glorieux sturmbannführer que Hitler avait personnellement félicité en 1943. Il reçut des ordres et les exécuta. Je ne sais trop si l'on a pendu le massacreur des SAS ou l'homme qui, au bas d'un embarrassant contrat, avait apposé sa signature à côté de celle d'un major du SOE.

Yvonne revint de Ravensbrück.

Henri Déricourt, jugé pour trahison en 1948 par un tribunal militaire français, fut acquitté grâce à la déposition d'un officier anglais attestant que Londres connaissait ses contacts avec la Gestapo et en avait tiré bon parti.

Francis Suttill mourut le premier. Ils le pendirent à Sachsenhausen le 21 mars 1944. Ses camarades, dont notre Alexandre, furent presque tous exécutés au cours des mois suivants. Pour la plupart, le bourreau utilisa une corde de piano, de façon à rendre l'agonie plus longue et plus difficile.

Je les ai toujours aimés. Même si j'admirais les autres, qui avaient porté à l'ennemi des coups décisifs, je gardais compassion pour ces gens embarqués dans une histoire trop grande pour eux et que la mort vint saisir dans les abîmes du désespoir, puisqu'ils pensaient avoir tout raté. Après la guerre, Déricourt dit de Francis Suttill, qui s'était cru son ami : « Il était magnifique, fort, jeune, courageux et énergique, une sorte d'Ivanhoé, mais il aurait dû être officier de cavalerie, pas un espion. » La conclusion est fausse, car Suttill n'avait pas vocation au renseignement. Mais le portrait est juste. Il convient à Suttill, à Alexandre et à tant d'autres. On peut ricaner sur leur candeur généreuse et leur obsession de l'honneur. Je les aime pour ces défauts : ils font d'eux l'exact contraire des nazis.

30

Mes parents ignorèrent toujours le contexte historique des péripéties qu'ils avaient traversées. De leur vivant, on n'en savait certes pas autant qu'aujourd'hui, mais, profondément, cela ne les intéressait pas. Mon père évoquait parfois le cheval de trait que, dans sa jeunesse, la Société protectrice des animaux tenait à disposition place Saint-Michel : quand une charrette trop lourdement chargée attaquait la rude montée du boulevard, le palefrenier de la Société l'attelait en renfort. Mes parents considéraient que la défaillance inattendue de l'armée française les avait contraints à donner un coup de collier. Il n'y avait pas de quoi épiloguer. Ils éprouvaient aussi le sentiment de n'avoir presque rien fait. Mais la Résistance fut-elle autre chose que l'addition de ces presque rien ? Trepper, grand parmi les grands, ne cessait de rendre hommage aux obscurs sans qui l'extraordinaire n'eût pas été possible.

La nécessité de combattre l'ennemi s'était imposée à eux avec la force de l'évidence, mais je crois qu'ils vécurent leur combat comme une suite d'événements bizarres échappant à la logique. Un jour, mon père s'étonna devant moi qu'un gendarme les eût fait verser dans l'illégalité. C'était l'époque. Du présent récit, un jeune lecteur pourrait d'ailleurs conclure à l'engagement massif de la gendarmerie dans la Résistance : le gendarme de Fismes, la paire débonnaire qui laissa Alexandre et Heslop poursuivre leur grande vadrouille à travers les monts d'Auvergne, le commandant de Perpignan organisant le passage de Denis Rake en Espagne. Les enfants juifs rescapés du massacre après que des gendarmes français les eurent débusqués de leur cachette raconteraient une autre histoire, et aussi les survivants des camps d'internement. Généraliser, c'est se tromper et tromper. Nous avions un ami juif interné à Drancy. Deux brigades de gendarmes encadraient le camp à tour de rôle. L'une témoignait tant de hargne aux détenus qu'ils l'avaient surnommée « la brigade sauvage » ; l'autre n'exerçait pas de brimades. Cet ami dut à sa profession de médecin d'échapper à la déportation : il soigna jusqu'au bout grippes et bronchites afin que ses patients se présentassent en bonne forme à la porte de la chambre à gaz. Et il sortit du camp pour découvrir que la pénicilline, arrivée avec les troupes alliées, éradiquait la tuberculose, sa spécialité. C'est l'un des hommes les plus lugubres que j'aie jamais rencontrés.

Leur salut, mes parents pensaient qu'ils le devaient au coup de bluff de la visite avenue Foch, et ils n'avaient pas tort, même si l'explication restait insuffisante. Ils n'allaient pas chercher plus loin. Après tout, était-ce plus abracadabrant que d'entendre Alexandre, assis à la table familiale, leur annoncer qu'il se rendrait le lendemain matin à un rendez-vous sans doute organisé par la Gestapo ?

La page était donc tournée. On n'en parlait plus. Quand la météorologie conjugale était à la tempête et que les enfants gardaient le nez dans leur assiette, il arriva cependant, mais rarement, que ma mère rappelât à mon père qu'elle lui avait sauvé la vie. Mon père baissait alors la tête avec l'expression douloureuse d'un sportif découvrant que l'adversaire n'est pas fair-play.

L'image de ma mère marchant dans les jardins de l'Observatoire ne m'a pas quitté. Elle m'a toujours inspiré un étrange sentiment d'invulnérabilité familiale. Quand la radio annonça le naufrage en pleine Adriatique du bateau sur lequel se trouvaient mes deux premiers fils, encore adolescents, je n'éprouvai aucune inquiétude : puisqu'il y avait des survivants, ils en faisaient partie. Plus tard, lorsque mon aîné fut enlevé au Liban, je pensai à elle, qui l'avait tant aimé, et je sus qu'il s'en sortirait.

31

Ce n'est pas sans confusion que j'évoque les retrouvailles. Nous étions réunis dans le living autour de mon père revenu de Fresnes. Ma mère avait son visage des jours bleus. Nous nous contemplions tous comme si nous avions été séparés pendant des mois. Mais une impression d'irréalité se mêlait à ma béatitude. Le regard de mon père n'exprimait que tendresse, même quand il se posait sur moi. Je savais pourtant qu'il savait. Et je me demandais : « Est-il possible qu'il ne me reproche pas mon renvoi du lycée ? »

Je n'avais malgré tout que douze ans.

Table

Impression réalisée sur CAMERON par
BRODARD ET TAUPIN
La Flèche

pour le compte des Éditions Fayard
en mars 1995

Imprimé en France
Dépôt légal : mars 1995
N° d'édition : 7407 – N° d'impression : 1871 L-5

ISBN : 2-213-59347-7
35-33-9347-04/2